ÜBER DEN

EINFLUSS DER TONLEHRE

AUF

HERBART'S PHILOSOPHIE.

VON

DR. ROBERT ZIMMERMANN,

WIRKL. MITGLIEDE DER K. AKADEMIE DER WISSENSCHAFTEN.

WIEN, 1873.

IN COMMISSION BEI KARL GEROLD'S SOHN

BUCHHÄNDLER DER KAIS. AKADEMIE DER WISSENSCHAFTEN.

Der zufällige Umstand, dass der erste Vortrag in der ersten Sitzung des neubegonnenen Jahres die Harmonielehre behandelt, mag vielleicht als günstiges Vorzeichen angesehen werden. Zwar betrifft derselbe weder ihren ästhetischen Werth für die Kunst, wofür in der Akademie überhaupt, noch ihre physicalisch-acustischen Bedingungen, für welche in dieser Classe kaum der passende Ort wäre. Dagegen darf dieselbe wol, insofern sie in der Geschichte der Philosophie Einfluss auf die letztere übend sich zeigt, auf eine Stelle in den Abhandlungen der philosophisch-historischen Abtheilung Anspruch machen.

Allerdings ist die Betrachtung dieses Einflusses weder neu, noch der Einfluss selbst neuerlich. Derselbe weicht, sei es im Morgen-, sei es im Abendland, in die älteste Zeit zurück. In dem um 500 v. Chr. verfassten Buche des Tso-Kiu-Ming, eines Schülers und Freundes des Kong-Fu-Tse, werden die fünf Töne der alten chinesischen Tonscala mit den fünf Elementen ihrer Naturphilosophie (Wasser, Feuer, Holz, Metall und Erde) verglichen. Im griechischen Alterthum ist der Einfluss der Musik auf das System der pythagoräischen Schule stets anerkannt worden. Die von dem Gründer derselben angeblich entdeckten harmonischen Intervalle haben nicht bloss zu der sogenannten Musik der Sphären, d. h. zu der Voraussetzung

1

analoger harmonischer Verhältnisse zwischen den Abständen
der Weltkörper Veranlassung gegeben, sondern scheinen auch
durch ihre Einfachheit und ihre Bildung aus der ersten Decade
der natürlichen Zahlenreihe zu der wichtigen Stelle, welche
die letztere in der Kosmologie jener Schule spielt, nicht wenig
beigetragen zu haben. Die später von Plato adoptirte Erklärung der Tugend als einer Harmonie, so wie die von diesem
dem Pythagoräer Simmias in den Mund gelegte Behauptung,
dass sich die Seele zum Körper wie die musikalische Harmonie
zu den Saiten verhalte, sind Beweis genug, welches Gewicht
seitens der Schule den wohlklingenden Tonverhältnissen nicht
blos für die Lehre von der Welt, sondern auch für jene vom
Menschen in ethischer nicht weniger, wie in psychologischer
Hinsicht beigemessen worden sei.

Der Zweck dieses Vortrages ist, darzuthun, dass unter
den neuern hervorragenden Denkern ein ähnlicher Einfluss
der Tonlehre auf Ethik und Psychologie bei Herbart stattfinde.
Derart, dass man sagen kann, dieser Denker, der bekanntlich
selbst ausübender Tonkünstler und theoretischer Musikgelehrter
war, nicht nur virtuos Clavier spielte, sondern sich auch nicht
ohne Glück im Componiren versuchte,[1] sei durch die Musik
und zwar durch die Harmonielehre auf die grundlegende
Idee sowohl seiner Seelen- wie seiner Sittenlehre theils ge-
bracht, theils in derselben bestärkt worden.

Es ist längst anerkannt, dass das Charakteristische der
Psychologie Herbart's nicht sowohl in seiner Beiseitesetzung
der herkömmlichen Theorie der Seelenvermögen, in welcher
Hinsicht er mit der Schule der Empiristen und Sensualisten,
mit Locke, Condillac und unter den Deutschen mit Beneke in
gleicher Richtung sich bewegt, sondern in der ihm eigenthümlichen Anwendung der Mathematik auf Psychologie liege.
Indem er versucht, die einzelnen Elemente des Seelenlebens, die
Vorstellungen, als Kräfte anzusehen, die, durch die Einheit des
Bewusstseins genöthigt, in Wechselwirkung treten, ergibt sich
ihm die Aussicht auf eine Statik und Mechanik des Geistes-

---

[1] Im Jahre 1806 erschien eine Sonate von ihm im Stich, die er seinen
Freunden, dem Uebersetzer des Ariost, Gries, und dem Philosophen
Fr. Köppen widmete.

lebens, welche mit jener der Körperwelt das Gemeinsame hat,
dass mit Berücksichtigung gewisser durch die Natur der Sache
gebotener Abweichungen die allgemeinen mathematisch formu-
lirten Naturgesetze auf dieselbe Anwendung finden. Die ersten
Anfänge dieser Theorie fallen, wie man aus seinem eigenen
Bekenntnisse weiss, in eine sehr frühe Zeit. In der 1811 abge-
fassten Abhandlung: Psychologische Bemerkungen zur Tonlehre
(S. W. VII. Band) sagt er (S. 25), dass er die psychologischen
Grundformeln vom allgemeinsten Gebrauch, auf welche seine
ganze Theorie gebaut sei, schon sechs Jahre früher besessen
und zu mancherlei Untersuchungen angewendet habe, ehe
es ihm gelungen sei, von ihrer Anwendung auf Musik die
ersten Anfänge zu entdecken. Da er in den um 1808 er-
schienenen ‚Hauptpunkten‘ der Metaphysik (S. W. III. S. 46)
diese Anwendung bereits vorzulegen im Stande war, so muss
die Entdeckung obiger Grundformeln mindestens in das Jahr
1800, eher noch weiter zurückgeschoben werden, zu einem
Zeitpunkt, wo er das 26. Lebensjahr noch nicht überschritten
hatte. Steht es durch obige Erklärung fest, dass er nicht
durch die Tonlehre auf deren Entdeckung geführt wurde, so
lässt die Art, wie er in den Hauptpunkten und noch mehr in
den psychologischen Bemerkungen zur Tonlehre von der
letzteren spricht, keinen Zweifel übrig, dass er durch dieselbe
im Vertrauen auf die Richtigkeit obiger Grundformeln endgiltig
bestärkt und zu dem Entschlusse vermocht wurde, mit denselben als Basis einer neuen und besseren Psychologie als die
seiner Vorgänger und Zeitgenossen, vor das Publicum zu treten.

Er selbst nennt die Tonlehre die empirische Bestätigung
seiner a priori construirten psychologischen Theorie. Wenn er
in den Hauptpunkten der Metaphysik, nachdem er in §. 13
die ‚Elemente einer berechtigten Psychologie‘ entwickelt hat,
nach ‚Anwendungen‘ fragt, so ‚bietet sich die Tonlinie dar‘
(III. S. 46). In den psychologischen Bemerkungen zur Tonlehre bekennt er (VII. S. 6), dass die Tonlehre ihm interessanter
wurde, als er seine psychologischen Bemerkungen auf sie aus-
dehnen lernte und neue Aufschlüsse erhielt, die, wenn er nicht
irre, dieser selbst die erwünschteste Bestätigung gewährten. Und
noch nahe dem Schlusse seines Lebens, in dem nur zwei Jahre
vor seinem Tode veröffentlichten ersten Hefte seiner psycho-

logischen Untersuchungen (VII. 193) erklärt er die Tonlehre
für einen der ‚vesten Punkte‘ in der Erfahrung, deren jede
a priori construirte Theorie zur Bestätigung bedarf, wenn sie
nicht ‚als ein Hirngespinnst, wie es viele gibt‘, erscheinen soll.

An derselben Stelle erkennt er der Tonlehre vor andern
festen Punkten, die mit seiner Lehre zusammentreffen, den
Vorzug zu. Denn während es der Bestätigungen durch die Erfahrung viele und mancherlei gebe, seien sie doch nicht alle
von gleichem Werthe, weil in vielen anderen Fällen die (a
priori gefundenen) Lehren der Psychologie bestimmter lauten,
als dasjenige sich beobachten lässt, was in der Erfahrung mit
ihnen zusammentreffen soll. Vielmehr sei dasselbe so schwan-
kend, zerfliessend und vieldeutig, dass für die Vergleichung
keine sicheren Resultate gewonnen werden. Was würde es
nützen, meint er, wenn wir z. B. eine psychologische Lehre zur
Erklärung des Unterschiedes zwischen dem Bitteren, Süssen,
Gewürzhaften besässen? Diesen Unterschied, unabhängig von
aller Lehre, schon bloss thatsächlich festzustellen, würde nicht
gelingen, man würde die Theorie mit keiner sichern Erfahrung
vergleichen können. Ganz anders verhalte es sich mit dem
Unterschiede zwischen einer Quarte, falschen Quinte, reinen
Quinte, deren jede von der andern so weit getrennt ist, dass
es lächerlich sein würde, hier von einer Gefahr der Verwechs-
lung auch nur zu träumen; und zwar dergestalt getrennt, dass
lediglich das musikalische Denken, ohne leibliches Hören und
vollends ohne Theorie, hinreiche, um sie zu unterscheiden.

Schon hieraus erhellt, was ihm die Tonlehre leisten soll.
Wenn es gelingt, auf apriorischem Wege durch psychologische
Rechnung Werthe für die musikalischen Intervalle abzuleiten,
welche mit den empirisch bekannten der Tonlehre zusammen-
stimmen, so liegt darin jene Bestätigung durch die Erfahrung,
welche jede apriorisch construirte Theorie, also auch die seine,
sich wünschen muss. Die Intervalle der Quinte, Quarte, grossen
und kleinen Terz, sowie die übrigen im Umfange der Octave
gelegenen, bilden den Probstein der seiner Wissenschaft zu
Grunde gelegten ‚psychologischen Grundformeln‘. Es ist nicht
seine Meinung, dass nach der Methode der Erfahrungswissen-
schaften jene als ‚veste Punkte‘ Principien der Erklärung ab-
geben sollen. Die Psychologie hat im Gegentheil in demjenigen

Gebiete, in welches er sich mit seinen Lehren versetzt, nicht eigentlich (aus der Erfahrung) zu lernen; sondern sie lehrt in Folge der Principien, die sie schon (vor aller Erfahrung) hat. Auch geht ihre Lehre ohne allen Vergleich weiter, als bloss auf die Tonkunst, die vielmehr ein sehr untergeordnetes Glied für die Lehre im Ganzen genommen ist. Vielmehr haben obige Intervalle, wenn sie aus den psychologischen Principien gefunden werden, als Bürgschaft für die Verlässlichkeit dieser selbst zu dienen; etwa wie das Eintreffen der Himmelskörper an ihren vorausberechneten Orten zur Bestätigung der ihrer Berechnung zu Grunde gelegten Hypothese dient. Auf einem, wenngleich untergeordneterem, Gebiet empirisch bewährt, werden die psychologischen Grundformeln auch auf anderen wichtigeren Gebieten des psychischen Lebens sich Zutrauen erwerben.

Welches die Gebiete seien, gegen welche das der Tonkunst als untergeordnet erscheine, wird unverkennbar angedeutet. In den Hauptpunkten §. 13 (III. 45) nennt er das Geschmacks-Urtheil ,vielleicht die grösste aller psychologischen Aufgaben‘. Damit sie nicht ,unberührt‘ bleibt, setzt er das ,Folgende‘ hinzu. Dieses nun ist nichts anderes als eben die Entwicklung jener psychologischen Grundformeln, deren ,Anwendung‘ und Bestätigung die Tonlinie ausmacht. Hält man damit zusammen, dass das ,Geschmacksurtheil‘ die Basis seiner allgemeinen praktischen Philosophie bildet und letztere mit den Hauptpunkten der Metaphysik in demselben Jahr (1808) erschien, so springt der Zusammenhang der Tonlehre nicht nur mit seiner Psychologie, sondern auch mit seiner Ethik in die Augen. Es bedürfte nicht einmal der ausdrücklichen Versicherung in den drei Jahre später geschriebenen ,psychologischen Bemerkungen‘ zur Tonlehre (VII. 27), dass die vorstehenden (die Tonlehre betreffenden) Untersuchungen uns tief genug in unsere Seele blicken lassen, zwar keineswegs zu einer erschöpfenden Kenntniss des vorgelegten (musikalisehen) Gegenstandes, aber wohl dazu, um eine nützliche Vergleichung mit den Grundlehren der praktischen Philosophie darzubieten.

Um letztere also ist es ihm vornehmlich zu thun. Nur insoweit die Grundlehren der Tonlehre nicht nur als ,fester Punkt‘ in der Erfahrung ,eine Bestätigung‘ der a priori ge-

fundenen psychologischen Grundformeln darbieten, sondern
auch eine ‚nützliche Vergleichung‘ mit den Grundlehren der praktischen Philosophie zulassen, vermögen sie ihm als Philosophen
Interesse einzuflössen. Worin diese Vergleichung bestehe, wozu
sie ‚nützen‘ soll, erhellt, wenn wir das Ergebniss jener Untersuchungen über die Tonlehre und die Grundlage seiner praktischen Philosophie neben einander stellen. Als jenes bezeichnet
er: dass wir begreifen gelernt haben, dass und warum das
musikalische Wissen also beschaffen sein muss (wie es erfahrungsgemäss ist); dass und wie die verschiedenen Brechungen
der Töne einen verschiedenen Sinn der Intervalle ursprünglich ergeben (a. a. O. VII. 27). Es wird nur der Erinnerung
bedürfen, dass Herbart's praktische Philosophie auf eine geschlossene Reihe ursprünglicher unter sich verschiedener
ästhetischer Willensverhältnisse sich gründet, um obige ‚Vergleichung‘ weder ‚fernliegend‘ noch ‚zwecklos‘ zu finden.

Jene psychologischen Grundformeln, deren ‚Anwendung‘
die Tonlinie zeigen soll, sind in den Hauptpunkten u. s. w.
§. 13 in äusserster Knappheit entwickelt. ‚Es seien zwei oder
mehrere Thätigkeiten desselben Wesens (die in ihm ohne
Zweifel zusammen sind) so beschaffen, dass sie einander
hemmen, nicht aber vernichten, noch verändern, demnach,
dass das Gehemmte als ein Streben fortdauere‘. Das Gesagte
erlaubt sich dieselben unter dem Bilde in entgegengesetzter
Richtung wirkender Kräfte vorzustellen, in welchem Falle auch
keine derselben vernichtet oder verändert, sondern der Erfolg,
den jede für sich hervorgebracht haben würde, durch die andere aufgehoben wird. Herbart folgert hieraus, wenn die Hemmung vollkommen sei und unter den Thätigkeiten kein Unterschied der Stärke stattfinde, so werde von je zweien eine ganz
gehemmt werden, die andere ganz ungehemmt bleiben. Da nun
kein Grund für eine oder die andere vorhanden sei, so vertheile
sich die Hemmung; jede werde halb gehemmt.

Diese Folgerung entspricht nicht dem obigen Bilde. Zwei
Kräfte gleicher Stärke in völlig entgegengesetzten Richtungen
wirksam, werden einander nicht halb, sondern jede die andere
ganz hemmen. Wird an dem Körper in O, den eine beliebige
Kraft P in der Richtung Ox bewegt, eine der P gleiche
Kraft Q in der entgegengesetzten Richtung Oy angebracht, so

bleibt der Körper in Ruhe. Passender wäre es, die beiden einander hemmenden Thätigkeiten unter dem Bilde mit gleicher Geschwindigkeit in entgegengesetzter Richtung sich gegen einander bewegender elastischer Kugeln vorzustellen, die, in der Mitte ihrer Distanz zusammentreffend einander gegenseitig in Ruhe versetzen. Die Summe der in Folge der Gegensätze der Richtungen verlorengehenden Geschwindigkeiten (die Hemmungssumme) ist der ursprünglichen Geschwindigkeit jeder von beiden gleich; die Hemmung, die jede erfährt, gleich der Hälfte ihrer ursprünglichen Geschwindigkeit; der Rest ihres Bewegungserfolges nur die Hälfte der Distanz, welche sie ohne die andere zurückgelegt haben würde.

Die Grössen, die hier eintreten, werden eine Veränderung erleiden, wenn der Grad der Hemmung und die Stärke der Hemmenden eine solche erfährt. Auch bei obigen Kugeln würde Solches der Fall sein, wenn das Verhältniss ihrer Geschwindigkeiten oder '(was unmöglich ist) das Verhältniss ihrer Richtungen ein anderes würde. Herbart legt sich die Frage vor: wenn mehrere Thätigkeiten $a, b, c, d \ldots m, n$ gegeben seien und n von allen die stärkste sei, wie gross die Summe der Hemmung *(HS)* werde ausfallen müssen? Für vollkommene Hemmung ist dieselbe nach ihm

$$HS = a + b + c + \ldots + m.$$

,Denn sollte n ganz ungehemmt bleiben, so müssten $a, b, c \ldots m$ ganz gehemmt werden; was sie gewinnen, muss n verlieren.' Bei unvollkommener Hemmung, so weit sie bei mehreren die nämliche sei, müsse ein gemeinschaftlicher Divisor der Summe der Hemmung beigelegt, für ein Hinderniss, das die Thätigkeiten im Allgemeinen, aber keine insbesondere trifft (z. B. Unaufgelegtheit aus physiologischen Ursachen), der Summe eine Grösse addirt werden. Es kann nun unmöglich angenommen werden, dass die stärkste aller vorhandenen Thätigkeiten ungeachtet ihrer Ueberlegenheit von diesen gar keine Rückwirkung erfahre; vielmehr ist zu erwarten, dass auch sie etwas verlieren werde, was nothwendig die andern gewinnen müssen. Ist es nun von höchstem Interesse, die Regel zu entdecken, nach welcher die Hemmungssumme d. i. der Gesammtverlust sich auf die einzelnen Thätigkeiten (die Theilnehmer des Verlustcapitals) vertheilt, so muss vor allem das Verhältniss

erforscht werden, in welchem die einzelnen Thätigkeiten einander
hemmen. „Jede stemmt sich auf gleiche Weise gegen alle; die
schwächeren weichen am meisten; weichen aber nur, indem sie
wirken; wirken desswegen verhältnissmässig am meisten; die
Thätigkeiten hemmen einander daher im umgekehrten Verhältnisse ihrer Stärke.'

Dazu gibt Herbart folgendes Beispiel. Wäre die Stärke
dreier Vorstellungen auszudrücken durch die Zahlen I, II, III,
so sind dem Obigen zufolge die Hemmungsverhältnisse in derselben Ordnung

$$\tfrac{1}{1}, \tfrac{1}{2}, \tfrac{1}{3}$$

oder:

$$6, 3, 2$$

die Hemmungssumme aber, da III die stärkste, I die schwächste
von allen dreien ist, $= \mathrm{I} + \mathrm{II} = 3$.

Um nun den Antheil jeder einzelnen Thätigkeit an derselben zu finden, hat man nur zu beachten, dass, da jede
Thätigkeit desto weniger gehemmt wird, je stärker sie ist, das
Verhältniss zwischen der ganzen und dem Antheil jeder einzelnen an der Hemmungssumme das nämliche sein muss, wie
das zwischen der Summe aller Hemmungsverhältnisszahlen und
jeder einzelnen derselben. Daher

$$6 + 3 + 2 : 6 = \mathrm{I} + \mathrm{II} : x$$
$$6 + 3 + 2 : 3 = \mathrm{I} + \mathrm{II} : y$$
$$6 + 3 + 2 : 2 = \mathrm{I} + \mathrm{II} : z$$

woraus folgt

$$x = \tfrac{18}{11}, \; y = \tfrac{9}{11}, \; z = \tfrac{6}{11},$$

welche Verlustantheile von der ursprünglichen Stärke I, II, III
subtrahirt werden müssen, um ihre nach geschehener Hemmung übriggebliebene Stärke zu erhalten. Nun tritt hier das
Auffallende ein, dass von der schwächsten jener Vorstellungen
I mehr gehemmt werden soll, als sie selbst beträgt; es ist aber
einleuchtend, dass von I nicht $\tfrac{18}{11}$, sondern nur I zu hemmen
ist, also gerade so viel, als es zur Hemmungssumme beiträgt. Es
verschwindet für die Rechnung und das Uebrige der Hemmung
vertheilt sich unter die übrigen, wie wenn jenes gar nicht vorhanden wäre. Und zwar lässt der Punkt, jenseits dessen (unter
Voraussetzung vollkommener Hemmung) dieses Verschwinden
der schwächsten unter drei Thätigkeiten nothwendig eintreten

muss, die von Herbart sogenannte Schwelle des Bewusstseins, sich auf folgendem Wege finden:

Sind a, b, c drei einander vollkommen hemmende Thätigkeiten verschiedener Stärke und ist c die stärkste derselben, so ist nach Obigem die Hemmungssumme

$$HS = a + b,$$

sind die Hemmungsverhältnisse in der obigen Reihenfolge

$$\frac{1}{a}, \frac{1}{b}, \frac{1}{c}$$

oder:

$$bc, \ ac, \ ab;$$

folglich nach der Vertheilungsregel:

$$bc + ac + ab : bc = a + b : x$$
$$bc + ac + ab : ac = a + b : y$$
$$bc + ac + ab : ab = a + b : z,$$

woraus sich die Verhältnisse ergeben:

$$x = \frac{bc\,(a+b)}{bc+ac+ab}$$
$$y = \frac{ac\,(a+b)}{bc+ac+ab}$$
$$z = \frac{ab\,(a+b)}{bc+ac+ab}$$

und die nach geschehener Summirung zurückbleibenden Reste:

$$a - x = \frac{a^2\,(c+b)}{bc+ac+ab}$$
$$b - y = \frac{b^2\,(c+a) - a^2\,c}{bc+ac+ab}$$
$$c - z = \frac{(b+c)\,c^2 + abc - a\,(ab+b)}{bc+ac+ab}$$

sind. Setzt man nun den Rest der schwächsten der drei

$$a - x = o$$

so folgt

$$a = b \sqrt{\frac{c}{c+b}}$$

als derjenige Werth von a, bei welchem dieses aus dem Bewusstsein verschwinden muss.

Wird nun der Einfachheit halber

$$b = c = 1$$

gesetzt, so geht obiger Werth in

$$a = \sqrt{\frac{1}{2}} = \sqrt{\frac{2}{2 \cdot 2}} = \frac{\sqrt{2}}{2} = 0.707$$

oder $a = 1$ und $b = c$ gesetzt in

$$1 = b \sqrt{{}^1/_2} = \frac{b}{\sqrt{2}}$$

d. i.

$$b = c = \sqrt{2} = 1{\cdot}414 \ldots$$

über. Davon nun macht Herbart nachstehende Anwendung: Man setze, um den einfachsten Fall zu haben, ein Continuum von Vorstellungen; so geartet, dass von einem beliebigen Punkte aus der Gegensatz (die Fähigkeit zu hemmen), fortwährend wachse, so lässt sich (a priori) Folgendes annehmen:

1. Vorstellungen auf zwei nächsten Punkten der Linie, werden einander fast gleich sein, sich sehr wenig hemmen, sondern beinahe nur verstärken. Wo der Gegensatz wächst, muss die Verstärkung abnehmen. Geht das so fort, so kommt irgend ein Punkt, wo die Verstärkung ganz aufhört, und reiner Gegensatz eintritt. Von diesem zweiten Punkte aus wiederholt sich das Vorige bis zu einem dritten Punkte des reinen Gegensatzes. So nach beiden Seiten der Linie hin unbestimmt fort.

2. Jetzt werde die Distanz zwischen je zwei nächsten Punkten des vollen Gegensatzes näher betrachtet. Gerade in der Mitte muss Verstärkung und Gegensatz gleich sein — so dass wegen der Verstärkung jede Vorstellung die andere eben so sehr hervortreibt, als sie wegen des Gegensatzes dieselbe hemmt. Der Punkt der grössten Unruhe.

3. Zwischen diesen drei Punkten u. zw. sowohl zwischen dem Punkte völliger Verstärkung (Gleichheit) und dem der Gleichheit zwischen Hemmung und Verstärkung, wie zwischen diesem und dem Punkte völliger Hemmung, lassen sich (gleichfalls a priori) weitere Punkte fixiren:

Um von dem Punkte reiner völliger Gleichheit (Verstärkung ohne Hemmung) zu dem Punkte, wo Hemmung und Verstärkung einander gleichen, überzugehen, muss die Verstärkung bis zu dem Grade abgenommen (oder was dasselbe ist, der Gegensatz zugenommen) haben, dass die Hemmung merklich, d. h. dass eine Vorstellung von der andern unterscheidbar wird. Die Unterscheidung tritt dann ein, wenn ,die Vorstellungen als reine (d. i. vor dem Hemmungsprocesse). sich halten können im Bewusstsein neben ihnen selbst als modificirt durch die Verstärkung d. h. wo sich die reinen zu den modificirten verhalten wie $1 : \sqrt{2}$ (nach der obigen Schwellenrechnung). Unter dieser Voraussetzung nämlich sind die Vorstellungen als reine noch nicht verschwunden, obgleich am Verschwinden; die Unterscheidung derselben von ihnen selbst, wie sie nach der Wechselwirkung durch Verstärkung geworden sind, ist noch möglich. Die Gleichheit beider Vorstellungen ist dabei nur Eine, dagegen ihr Gegensatz vielfach, indem jeder conträre Gegensatz wegen des Eigenthümlichen jeder Vorstellung zwei contradictorische Gegensätze in sich schliesst. Von jener nun geht die Nöthigung zum Einswerden, die sich deshalb auf jede (der beiden) Vorstellungen gleich vertheilt, von diesen das Streben des Auseinanderhaltens aus, das jeder Vorstellung als solcher angehört. So sind vier Grössen in der Rechnung, die beiden Gegensätze und die beiden Hälften der Gleichheit, von denen sowohl die ersten als die letzten ein Paar gleicher Grössen ausmachen. Hier können nun folgende Fälle statt-finden, deren Folgen aus obiger Schwellenrechnung sich ergeben, wenn sie statt auf drei, auf vier einander hemmende Thätig-keiten ausgedehnt wird. Stellen nämlich $A = B$ die beiden Vorstellungen, $a = b$ die beiden Gegensätze und $c = d$ die beiden Hälften der Gleichheit dar, so wird

I. die Formel

$$\left. \begin{array}{l} A + c : A = \sqrt{2} : 1 \\ B + c : B = \sqrt{2} : 1 \end{array} \right\} 1{\cdot}414 \ldots : 1$$

den Punkt darstellen der reinen Unterscheidbarkeit;

II. die Formel

$$\left. \begin{array}{l} a : c = 1 : \sqrt{2} \\ b : d = 1 : \sqrt{2} \end{array} \right\} 1 : 1{\cdot}414 \ldots$$

wird den Fall ausdrücken, wo die blossen Gegensätze zu der halben Gleichheit das Verhältniss gewinnen, welches zum Ein-tritt ins Bewusstsein nothwendig ist;

III. die Formel $a = b = c = d$ oder $a : c = 1 : 1$
$$b : d = 1 : 1$$

wird den Fall ausdrücken, wo die Gegensätze den Hälften der Gleichheit gleichen;

IV. die Formel

$$\left. \begin{array}{l} a : c = \\ b : d = \end{array} \right\} 1 : \frac{\sqrt{2}}{2} = 1 : 0{\cdot}707$$

den Fall, wo die Hälften der Gleichheit gegen die Gegensätze
unter die Schwelle sinken;

V. die Formel

$$2a : 2c = \left.\begin{matrix}\\ 2b : 2d = \end{matrix}\right\} 2 : 2 = 1 : 1$$

den Fall, wo der ganze Gegensatz der ganzen Gleichheit
gleicht und

VI. die Formel

$$2a : 2c = \left.\begin{matrix}\\ 2b : 2d = \end{matrix}\right\} 1 : \frac{\sqrt{2}}{2} = 1 : 0{\cdot}707$$

den Fall, wo der ganze Gegensatz die ganze Gleichheit über-
wältigt.

Fänden sich nun in der Erfahrung Verhältnisse, welche
den auf diese Weise apriorisch gefundenen, zwischen je zwei
Punkten vollkommener Verstärkung oder vollkommener Hemmung gelegenen Einschnitten entsprächen, so wäre die Bestätigung der psychologischen Grundformeln, aus welchen dieselben gewonnen wurden, hergestellt. Herbart zeigt, dass dies
bei der Tonlinie der Fall sei. Auf dieser kann nämlich von
jedem beliebigen Tone aus continuirlich bis zu einem von
demselben nur durch die Verdoppelung der Schwingungszahl
verschiedenen Punkte fortgeschritten, dieselbe kann von jedem
beliebigen Grundton aus in beliebig viele Octaven nach vor- und
rückwärts zerlegt werden.

Dieser Umstand lässt vermuthen, dass der Punkt vollen
Gegensatzes mit der Octave zusammenfallen werde. (Also
genau so, wie es bei dem Punkte vollen Gegensatzes voraus-
gesetzt worden.) In der Mitte der Octave bei der falschen
Quinte findet die grösste Disharmonie, wie in der apriorisch
construirten Reihe in der Hälfte der Distanz zwischen dem
Punkte völliger Verstärkung und völliger Hemmung die ‚grösste
Unruhe' statt. Nimmt man statt der mathematischen Verhält-
nisse der Secunde, der grossen und kleinen Terz, der Quarte,
der Quinte, deren Logarithmen und dividirt durch diese den
Logarithmus der Octave, so erhält man nach der Reihe die
Werthe:

$$\log 2 : \log \tfrac{9}{8} = 5{\cdot}885$$
$$\log 2 : \log \tfrac{6}{5} = 3{\cdot}8018$$

$$\log 2 : \log \tfrac{5}{4} = 3\cdot 1060$$
$$\log 2 : \log \tfrac{4}{3} = 2\cdot 4096$$
$$\log 2 : \log \tfrac{3}{2} = 1\cdot 7095,$$

welche ausdrücken, wie vielmal der Gegensatz jedes einzelnen Intervalles in dem vollen Gegensatz der ganzen Octave enthalten ist. Dass man die Logarithmen statt der Schwingungszahlen selbst nimmt, erklärt sich daraus, dass man es mit Empfindungen, nicht mit den Schwingungen selbst zu thun hat, und dass jene eine arithmetische Reihe bilden, während diese eine geometrische darstellen, eine apriorisch entdeckte Thesis Herbart's, welche durch das von E. H. Weber auf empirischem Wege gefundene, und von Fechner adoptirte Gesetz, dass sich die Empfindungen verhalten, wie die Logarithmen der Reize, bestätigt worden ist. Der Gegensatz beider Töne beträgt bei der Secunde

$$\tfrac{1}{5\cdot 885}$$

von der ganzen Tonempfindung, folglich die Gleichheit $\tfrac{4\cdot 885}{5\cdot 885}$. Davon die Hälfte oder $\tfrac{2\cdot 142}{5\cdot 885}$ zu jeder ganzen Vorstellung addirt, gibt das Verhältniss

$$8\cdot 327 : 5\cdot 885.$$

oder nahezu

$$\sqrt{2} : 1,$$

wie es nach der Vorhersagung zwischen der modificirten und der reinen Vorstellung stattfinden soll. Das wirkliche Verhältniss wäre $8\cdot 340 : 5.885$. Der Punkt der Unterscheidbarkeit fällt daher in die Nähe der Secunde.

Für die kleine Terz ist der Werth $= 3\cdot 8018$, folglich jeder der Gegensätze $= \tfrac{1}{3\cdot 8018}$, daher die Gleichheit $= \tfrac{2\cdot 8018}{3\cdot 8018}$ und deren Hälfte $= \tfrac{1\cdot 4009}{3\cdot 8018}$, die sich zu ersteren verhält wie

$$1\cdot 4009 : 1$$

also abermals nahe wie

$$\sqrt{2} : 1 = (1\cdot 414 \ldots . : 1)$$

Die kleine Terz fällt daher mit II, wie die Secunde mit I zusammen.

Für die grosse Terz beträgt der Gegensatz $\tfrac{1}{3\cdot 1063}$, die Gleichheit daher $\tfrac{2\cdot 1063}{3\cdot 1063}$ und die halbe Gleichheit $\tfrac{1\cdot 0531}{3\cdot 1063}$; die halbe Gleichheit verhält sich daher zum Gegensatz wie

$$1 : 1\cdot 0531,$$

also nahezu wie

$$1 : 1,$$

wie es nach III sein soll.

Für die Quarte gibt der Werth 2·4096 die Gegensätze $= \frac{1}{2·4096}$ und die halbe Gleichheit $= 0·7048$, folglich das Verhältniss derselben zum Gegensatze wie

$$0·7048 : 1$$

oder nahezu wie $\frac{\sqrt{2}}{2} : 1$, was mit IV übereinstimmt. V fällt mit der falschen, VI aber mit der echten Quinte zusammen; denn da der Gegensatz bei letzterer $= \frac{1}{1·7095}$, die ganze Gleichheit $= \frac{0·7075}{1·7095}$ ist, so verhält sich die ganze Gleichheit zum Gegensatz wie

$$0·7075 : 1$$

also nahe wie

$$\frac{\sqrt{2}}{2} : 1 = (0·707 : 1).$$

Bei dieser Theorie mag es befremdlich erscheinen, dass die Punkte des grössten Gegensatzes gerade dahin fallen, wo erfahrungsgemäss die vollkommenste Consonanz zu finden ist, in die Gegend der Octave und der reinen Quinte. Man möchte das Gegentheil erwarten. Den Grund dieser Erscheinung sehen die psychologischen Bemerkungen zur Tonlehre (VII. 9) darin, dass dem Quantum Gleichheit ein ebenso grosses Quantum Nöthigung zum Einswerden, dem Quantum Gegensatz ein ebenso grosses Quantum Widerstrebens gegen das Einswerden entspreche. Der volle und reine Gegensatz (die Octave) kenne keine solche Nöthigung, die Quinte überwinde dieselbe vollkommen und trete dadurch der Octave am nächsten. Diese Bemerkung erstickt obiges Bedenken nicht, sondern umschreibt es nur. Denn nicht darin, dass der Gegensatz dem Einswerden widerstrebt, liegt das Auffallende für die natürliche Erwartung, sondern dass gerade diese Punkte des lebhaftesten Widerstrebens gegen das Einswerden mit den Intervallen der vollkommensten Harmonie zusammentreffen sollen. Wer von der Harmonie die Vorstellung mitbringt, dass sie der Einklang der Gegensätze sei, würde es begreiflicher finden, wenn die Punkte des vollen Gegensatzes mit der Disharmonie zusammen-

fielen. Auch macht Herbart selbst sich den treffenden Einwurf
(a. a. O.), dass Septimen und Sexten ebenfalls die nämliche
Nöthigung (zum Einswerden wie die Quinte) überwinden,
wodurch obiger Unterschied disharmonischer und harmonischer
Intervalle aufgehoben zu werden scheint. Er entkräftet denselben, indem er die Septimen als umgekehrte Secunden und
die Sexten als ebensolche Terzen betrachtet.

Doch liegt der wahre Grund anderswo. Der springende
Punkt der Theorie ist die Betrachtung der Octave als des
Punktes voller Hemmung. Die Aehnlichkeit der Tonlinie mit
dem apriorischen Schema eines ,Continuums von Vorstellungen,
das so geartet sei, dass von einem beliebigen Punkte aus der
Gegensatz (die Fähigkeit zu hemmen) beständig wächst‘ (III. 45),
wurzelt darin, dass jene ,von jedem beliebigen Punkte aus in
eine unbestimmte Menge von Octaven eingetheilt werden kann‘,
und dieses ,sich zerlegen lässt in eine unbestimmbare Anzahl
bestimmter Distanzen, denen die volle Hemmung zugehört‘.
(VII. 9). Diese sich wiederholenden Punkte des reinen Gegensatzes sind es, welche, wie Herbart sich ausdrückt, von den
Octaven der Tonlinie sogleich sich ,zugeeignet‘ werden. Ihre
Berechtigung dazu werde schon dadurch ,höchst wahrscheinlich‘, weil die Octave unter allen Intervallen am
wenigsten Effect mache, eigentlich gar keinen, als nur den,
dass sie zwei sehr leicht zu unterscheidende Töne hören lasse.
Das aber müsse gerade bei voller Hemmung der Fall sein,
weil da kein Streit zwischen dem Einswerden und den Gegensätzen stattfinde. Darin, dass ,volle Hemmung‘ am wenigsten
,Effect‘ mache, liegt nun allerdings nichts Befremdendes; desto
mehr in dem Umstand, dass die Octave, ,die gar keinen‘ macht,
zugleich die vollkommenste Consonanz nach Herbart's eigenen
(VII. 11) und nach den Worten von Helmholtz (Lehre von
den Tonempfindungen S. 287) eine ,absolute‘ Consonanz sein soll!

Zugestanden werden muss: wenn es ein Continuum der
geschilderten Art wirklich gibt, dem die Tonlinie gleicht, so
hat kein Punkt auf der letzteren grösseren Anspruch, mit dem
Punkt völliger Hemmung auf der erstern zusammengestellt zu
werden, als die Octave. Dasselbe wird in den psychologischen
Bemerkungen (VII. 8) folgendermassen geschildert. In einem
Continuum von Vorstellungen müsse es unendlich nahe Vor-

stellungen geben, die sich also unendlich wenig hemmen. Da
bei allmäligem Fortschreiten auf einem Continuum nirgends
ein Sprung stattfinden könne, so müssten alle mittleren Uebergänge von unendlich kleiner zu völliger Hemmung vorkommen.
Folglich auch letztere selbst; denn gehe irgendwo die und-
lich geringe Hemmung unendlich naher über in einen endlichen Hemmungsgrad, welcher $= \frac{1}{n}$ der völligen Hemmung sei,
so werde das Intervall, das diesem Hemmungsgrad entspricht,
nmal genommen die volle Hemmung ergeben.

Nach diesen Worten muss man erwarten, dass zwischen
der ‚unendlich geringen‘ und der ‚völligen‘ Hemmung, da ‚kein
Sprung‘ stattfinden darf, unendlich viele verschiedene Hemmungsgrade gegeben seien. In der That wird die Tonlinie, wie
(psychologisch genommen) jedes Continuum, als unendlich theilbar bezeichnet. Dieselbe geht ‚auch‘ zu beiden Seiten unbestimmt
fort, so dass sie gleich der Zeitlinie die zweifache Unendlich-
keit nach beiden Seiten besitzt, obgleich alle in der sinnlichen
Erfahrung vorkommenden Töne in einer gewissen nicht genau
begrenzten Strecke liegen. Wie aus dem ‚auch‘ hervorzugehen
scheint, wird diese unbestimmte Fortsetzung der Tonlinie nach
beiden Seiten über den Punkt völliger Gleichheit und völligen
Gegensatzes (Prime und Octave) hinaus, von dem ‚Continuum‘
zwischen diesen beiden (den Tönen innerhalb derselben
Octave) ausdrücklich unterschieden. Jene zerfällt in eine
‚unbestimmbare Anzahl‘ bestimmter Distanzen, denen die volle
Hemmung zugehört (unbestimmt vieler Octaven); dieses müsste
als ‚unendlich theilbar‘ eine unendliche Menge von Gliedern
enthalten, die den unendlich vielen Graden der Hemmung, die
zwischen der ‚unendlich geringen‘ und völligen Hemmung
liegen können, entsprächen (unendlich viele Töne innerhalb
derselben Octave). Hier zeigt sich die Abweichung. Die Töne
innerhalb derselben Octave bilden im obigen Sinne kein Continuum. Zwischen dem Grundton und seiner Octave liegt
keine weder ‚unendliche‘ noch ‚unbestimmte‘, sondern eine
vollkommen bestimmte, endliche Anzahl von Tönen. Wenigstens
gelten diejenigen Schälle, deren Schwingungszahlen nicht in
einem der acht oder (nach Helmholtz a. a. O. S. 286) 15
bekannten Verhältnisse stehen, in musikalischem Sinne für
keine Töne mehr, und dürfen auch die ihnen etwa ent-

sprechenden Gehörsempfindungen für keine wirklichen ,Ton-empfindungen' angesehen werden. Von ,unendlicher Theilbar-keit' wie bei obigem Continuum, kann daher nicht die Rede sein. Ebensowenig davon, dass jedem Punkt eines aus unendlich vielen Gliedern bestehenden Continuums ein solcher einer aus einer endlichen Anzahl von Gliedern bestehenden discontinuir-lichen Reihe (wie die Töne einer Octave) correspondiren könne, ja müsse.

Auf letztere Annahme jedoch ist die Behauptung gebaut, dass dem Punkt völliger Hemmung die Octave entspreche. Nur dann, wenn jedem Punkte des Continuums unendlich vieler verschiedener Hemmungsgrade ein Punkt innerhalb der Tonreihe einer Octave entspricht, ist es mehr als wahrscheinlich, dass dem letzten Punkte des ersteren, welches natürlich der Ort völliger Hemmung ist, auch der letzte der letzteren, die Octave, correspondire. Fällt jene Annahme, wie sie denn fallen muss, wenn das obige Continuum unendlich viele, die Tonreihe innerhalb einer Octave aber nur eine endliche Anzahl von Gliedern zählt, so ist über den Ort des Continuums, auf welchen das letzte Glied des Discontinuums fallen müsse, nichts auszu-machen.

Wenn die Octaven nach dem oben angeführten Ausdruck ,sogleich' jene sich wiederholenden Punkte des vollen Gegen-satzes und der völligen Hemmung sich ,zueignen', so sind sie von dem Tadel der Voreiligkeit nicht freizusprechen. Auf dieser Besitznahme beruht alles Folgende. Die auffallende Ueberein-stimmung zwischen den im Voraus berechneten und den that-sächlich bestehenden Verhältnisszahlen der Intervalle hat nichts Ueberraschendes, wenn die Octave wirklich, wie angenommen, der ,volle und reine Gegensatz' ist. Denn die anscheinend gewagte Beseitigung der geometrischen Reihe der Intervalle und deren Ersatz durch die arithmetische der Empfindungen, die Rechnung statt mit den Zahlen der Schwingungsverhältnisse, mit deren Logarithmen ist zwar von Anhängern Herbart's (s. Resl: Bedeutung der Reihenreproduction für die Bild. psychol. Begriffe und ästhetischer Urtheile. Gymn. Progr. v. Czernowitz 1856 u. 57 Ztschr. f. ex. Philos. VI. S. 146—190 u. 225—252) bestritten, von Andern jedoch (Drobisch, vergl. dessen Brief an den Obeng. v. 11. Aug. 1857. Abgedr. im Gymn. Progr.

v. Czernowitz f. d. J. 1872. S. 70) vertheidigt und durch
Weber's Gesetz und Fechner's Psychophysik auch empirisch
bestätigt worden. Der Quotient des Logarithmus der Octave
durch die Logarithmen der Intervalle stellt jedoch erst dann
den jedem einzelnen Intervall zugehörigen Gegensatz dar,
wenn der ganze Gegensatz des Intervalls die Octave selbst
darstellt.

Den Punkt völliger Hemmung einmal mit der Octave
identificirt, wird die Reihe der Töne innerhalb der Octave nach
einem Princip construirt, welches von jenem, nach welchem der
Punkt vollen Gegensatzes gefunden wurde, nicht unwesentlich
unterschieden ist. Der Punkt völliger Hemmung wurde nach
dem Axiom postulirt, dass in einem Continuum bei allmälig
wachsendem Gegensatze und abnehmender Verstärkung ein
Punkt ‚kommen müsse, wo die Verstärkung aufhört und reiner
Gegensatz eintritt'. Wann dieser Punkt kommen werde, wird
nicht gesagt; es geht aber aus dem gebrauchten Ausdrucke
‚allmälig' und noch mehr aus dem Zusatz der ‚psychol. Bemerk.'
(a. a. O. S. 9), dass in der Reihe der wachsenden Hemmung
‚kein Sprung' vorkommen dürfe und ‚alle mittlern Uebergänge'
von ‚unendlich kleiner zu völliger Hemmung' vorkommen
müssten, mehr als deutlich hervor, dass man denselben erst
nach Ablauf sämmtlicher Punkte, deren Hemmungsgrade
zwischen ‚unendlich kleiner' und ‚völliger' Hemmung liegen,
zu erwarten habe.

Wie viele werden das sein? Der Mathematiker wird
ohne Bedenken antworten: unendlich viele, weil ein stetiges
Wachsen des Hemmungsgrades von unendlich kleiner bis zu
vollkommener Hemmung unendlich viele Grade verlangt. Die
Punkte unendlich kleiner und völliger Hemmung sind wie die
beiden Grenzpunkte einer stetigen (Raum- oder Zeit-) Linie anzusehen, zwischen welchen unendlich viele Punkte in allmälig
wachsender Entfernung vom Anfangspunkte gelegen sind. Die
in §. 13 der Hauptp. d. M. entwickelte Theorie aber kennt
deren nur endlich viele, und zwar diejenigen, welche, wie
später gezeigt wird, mit den Tonintervallen der falschen Quinte,
der Secunde, kleinen und grossen Terz, der Quarte und reinen
Quinte zusammenfallen. Sollten dieselben daher ein ‚Continuum'
darstellen, so muss dieses von einem Continuum im obigen

(mathematischen) Sinne ganz verschieden sein. Das ‚allmälige Wachsen vom Grade unendlich kleiner zu jenem völliger Hemmung' kann, wenn es überhaupt stattfindet, nicht in dem Sinne gemeint sein, dass darin jeder der unendlich vielen zwischen ‚unendlich klein' und ‚völlig' gelegenen Hemmungsgrade vertreten sei.

Welches nun ist der Sinn dieses ‚neuen' Continuums? Derselbe liegt der ausserordentlichen Kürze der Darstellung wegen in den Hauptp. d. Met. nicht so offen vor Augen, als es wünschenswerth wäre; mit Hilfe der in den psychologischen Bemerkungen zur Tonlinie gegebenen Erläuterungen, ergibt sich derselbe mit genügender Deutlichkeit. Das Ziel der Theorie ist eine erschöpfende Aufzählung aller in Beziehung auf das Verhältniss zwischen Verstärkung und Gegensatz überhaupt möglichen Fälle, und sie versucht dasselbe mittelst einer vollständigen l o g i s c h e n Eintheilung, zwischen deren je zwei auf einander folgenden Gliedern ‚kein (l o g i s c h e r) Sprung' stattfindet, zu erreichen.

Nimmt man nämlich an, der Gegensatz (dessen Wirkung die Hemmung) wachse in demselben Grade, als die Gleichheit (deren Wirkung die Verstärkung ist) abnimmt, und bedenkt man, dass die letztere für beide (einander hemmenden und verstärkenden) Vorstellungen nur eine, also auf beide zu gleichen Hälften vertheilt ist, die Gegensätze aber jeder von beiden eigenthümlich sind, so hat man folgende Grössen in der Rechnung: die g a n z e Gleichheit; die Summe der Gegensätze; zwei Hälften der Gleichheit und die beiden (einzelnen) Gegensätze. Zieht man nun in Betracht, dass der Gegensatz die Ursache der Hemmung und die Reihe von unendlich kleiner bis zu völliger Hemmung fortzusetzen ist, so ergibt sich Folgendes:

Im Anfange sind beide Vorstellungen nicht zu unterscheiden. Die Unterscheidbarkeit tritt ein, wo die Vorstellungen als ‚reine' sich halten können im Bewusstsein, d. h. eben auf der Schwelle sind, neben ihnen selbst als modificirt durch die Verstärkung. Die Hemmung beider Vorstellungen ist hier ‚unendlich klein'; ihre Gegensätze sind fast unwirksam (unter der Schwelle!); nur die beiden Hälften der Gleichheit rufen als wirksam Verstärkung beider Vorstellungen hervor (Vgl. oben I). Die Summe der Gegensätze ist hier unwirksam; die ganze

Gleichheit allein wirksam. Diesem entgegen steht ein Fall, wo sowohl die Summe der Gegensätze (der ganze Gegensatz) als die Summe der halben Gleichheiten (die ganze Gleichheit) wirksam und einander gewachsen sind (Vgl. oben V), und ein anderer, wo als Umkehrung des ersten die Summe der Gegensätze (der ganze Gegensatz) allein wirksam, die Summe der halben Gleichheiten (die ganze Gleichheit) unwirksam ist (Vgl. oben VI).

Man ziehe nun statt wie bisher die Summe der Gegensätze (den ganzen), den einzelnen Gegensatz (den halben) in Betracht, so ergeben sich abermals drei mögliche Fälle: es ist nämlich der (halbe) Gegensatz der halben Gleichheit gegenüber unwirksam (auf der Schwelle, vgl. oben II), oder der (halbe) Gegensatz der halben Gleichheit gewachsen (Vgl. oben III), oder die halbe Gleichheit dem (halben) Gegensatz gegenüber unwirksam (auf der Schwelle, vgl. oben IV).

Wie leicht zu erkennen, liegt dieser ganzen Aufzählung zuerst eine Dicho-, sodann eine Trichotomie zu Grunde. Ganzheit und Halbheit sind dort, Unwirksamkeit, Gleichwirksamkeit und alleinige Wirksamkeit hier die Glieder des Eintheilungsgrundes. Die daraus entspringende, in zwei symmetrische Gruppen, aus je drei correspondirenden Gliedern bestehend, gegliederte Reihe von sechs Gliedern enthält alle jene Fälle, welche weiterhin in derselben Reihenfolge der Secunde, der falschen Quinte, der (reinen) Quinte, der kleinen Terz, der grossen Terz und der Quarte entsprechend gefunden werden, nach folgendem Schema:

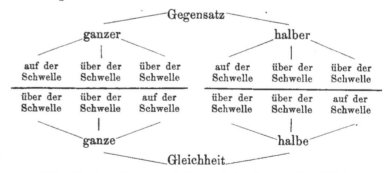

Was Herbart bewogen haben wird, die auf diese Weise gefundene Reihe als ein ‚Continuum‘ zu bezeichnen, ist ohne Zweifel

der unleugbare Umstand, dass zwischen sämmtlichen Gliedern
obiger Eintheilung ‚kein Sprung' sichtbar wird. Nicht nur das
Ganze und die Hälfte, sondern auch das Befindlichsein beider
Vorstellungen oder nur einer derselben (und zwar entweder
des Gegensatzes oder der Gleichheit) über der Schwelle des
Bewusstseins stellen vollkommene Paare von logischen Gegensätzen dar. Die Abwesenheit des ‚Sprunges' bedeutet daher so
viel, als dass zwischen je zwei auf einander folgenden Gliedern
der Eintheilung kein drittes ausgelassen oder einzuschieben
sei, dass die Umfänge der Eintheilungsglieder einander vollkommen ausschliessen und zum Umfang des Eintheilungs-
ganzen ergänzen, also logisch betrachtet, hart aneinander
liegen.

Bei dem mathematischen Continuum nun bezeichnet der
Mangel des Sprunges gerade das Gegentheil. Die Stetigkeit,
sowohl der Raum-, wie der Zeitlinie, charakterisirt sich dadurch,
dass sie ‚unendlich theilbar', d. h. zwischen je zwei auf einander folgenden Punkten derselben ein dritter gelegen ist. Die
Anwendung des *Begriffs des* (mathematischen) Continuums auf
das reale Gebiet in Wechselwirkung begriffener, einander
verstärkender oder hemmender Thätigkeiten oder wie Kräfte
sich verhaltender Vorstellungen, schliesst den Gebrauch des
Ausdrucks ‚ohne Sprung' in anderer als von der Mathematik
als zulässig erkannter Bedeutung von sich aus. Die For-
derung: (VII, 8) ‚da beim allmäligen Fortschreiten auf einem
Continuum nirgends ein Sprung stattfinden kann, so müssen
alle mittleren Uebergänge von unendlich kleiner zu völliger
Hemmung, vorkommen', kann mathematisch keinen andern
Sinn haben, als dass zwischen je zwei verschiedenen Hem-
mungsgraden ein dritter mittlerer gelegen sein muss.

Unter dieser Voraussetzung hat die Annahme, dass das
Ende der stetig wachsenden, die völlige Hemmung sein werde,
Berechtigung. Unter der entgegengesetzten hat die Construction
der später mit der Tonreihe innerhalb der Octave zusammengestellten Reihe Bestand. Die in sich einheitlich sein wollende
Operation ist auf zwei sich unter einander aufhebende Begriffe
des Continuums gebaut.

Wäre die Reihe der zunehmenden Hemmung auf derselben
Grundlage wie die der a priori construirten, später mit der

Tonreihe zusammengestellten Reihe errichtet, so müsste es
befremden, dass die Glieder der beiden letztern eine so ab-
weichende Folge zeigen. Die Reihe der Töne ist die bekannte,
die nach ihrer Stellung zu ihrer Benennung Veranlassung
gegeben hat; die Reihe der entsprechenden Glieder obiger
Reihe ist dagegen folgende:

Secunde, falsche Quinte, reine Quinte,

kleine Terz, grosse Terz, Quarte,

wenn man, wie oben geschehen, von der zu Grunde liegenden
Eintheilung nach logischen Gegensätzen ausgeht. In Herbart's
eigener Darstellung (a. a. O. 45) wird dieser Mangel an Uebereinstimmung theilweise verhüllt. Die falsche Quinte zwar folgt
unmittelbar hinter der Octave; aber im Folgenden ist in der
Abfolge Secunde, kleine und grosse Terz, Quarte und reine
Quinte, die kanonische Tonfolge beobachtet. Diess aber wird
nur dadurch möglich, dass unmittelbar nach der Secunde, bei
welcher beide Hälften des Gegensatzes gegen beide Hälften
der Gleichheit unter der Schwelle sind, die drei Fälle des
Verhaltens der einzelnen Hälften (des Gegensatzes und der
Gleichheit) abgehandelt werden, worauf dann wieder (bei der
reinen Quinte) beide Hälften (des Gegensatzes und der Gleichheit) ins Spiel kommen, nachdem das Gleiche schon vorher
(bei der falschen Quinte) der Fall gewesen ist.[1] Mit Ausnahme
der grossen und kleinen Terz und der Quarte sind, wie man
sieht, die logisch zusammengehörigen Fälle (Secunde, falsche
und reine Quinte, die sämmtlich auf dem Verhalten beider
Hälften sowohl der Gleichheit als des Gegensatzes ruhen) der
Analogie mit der Tonreihe zuliebe auseinandergerissen und
mit Ausnahme der falschen Quinte an jener entsprechenden
Stellen untergebracht.

Die Unvollständigkeit der berechneten, verglichen mit
der wirklichen Tonreihe, wird dadurch beseitigt, dass die fehlen-
den Sexten und Septimen als umgekehrte Terzen und Secunden

---

[1] Beiläufig bemerkt muss es (III, S. 46) 7. v. 1. statt ‚sinken‘ heissen

‚steigen‘. Ebenso S. 47, 39 und 12 v. o. jedesmal statt $\sqrt{\dfrac{1}{2}}$ zu lesen

$\dfrac{\sqrt{2}}{2}$

betrachtet werden, weil ‚Octave und Prime einander in Gedanken gleichgesetzt sind' (VII, S. 14). Die beste Bestätigung der (wie gezeigt, grundlegenden) ‚Hypothese' von der Octave als dem Punkt voller Hemmung wird gewonnen, indem man wahrnimmt, dass die durch die Rechnung ausgezeichneten Punkte mit den durch das Ohr ausgezeichneten zusammentreffen.

Der Antheil der Rechnung beschränkt sich dabei auf die Anwendung der Schwellenformel. Dagegen ist, wie gezeigt, die Zerlegung und Gruppirung der mittels ihrer berechneten, der Rechnung unterworfenen Vorstellungen auf eine a priori entworfene logisch vollständige Eintheilung gebaut. Auf dieser ruht das Vertrauen, dass weder mehr noch weniger Fälle des Sichverhaltens zwischen einander theilweise verstärkenden, theilweise hemmenden Vorstellungen möglich seien. Die empirische Bestätigung seitens der Tonreihe gilt daher nicht sowohl der Anwendung der Mathematik auf Psychologie als jener der formalen Logik. Den Beweis liefert die ähnliche Grundlegung einer andern Wissenschaft, bei welcher die Mathematik keine Stelle findet, mittels einer logisch vollständigen Eintheilung, der praktischen Philosophie, zu deren Grundlehren die Tonlehre eine ‚nützliche Vergleichung' darbietet.

Bevor wir zu dieser übergehen, sei nochmals der Seltsamkeit gedacht, dass nach obiger Theorie die Punkte der vollkommensten Consonanz gerade mit jenen des Ueberwiegens des Gegensatzes zusammenfallen sollen. Der Grund der Dissonanz liegt nach ihr in der Nöthigung des Verschiedenen zum Einswerden; wo daher überhaupt keine solche besteht (wie bei der Octave), oder völlig überwunden wird (wie bei der reinen Quinte), herrscht vollkommenste Consonanz. Auch die (übrigens nichts weniger als vollkommene) Harmonie der Terzen und der Quarten stammt aus derselben Quelle, da bei jeder derselben die Nöthigung zum Einswerden eine Rolle spielt. Wo dieselbe (wie bei der falschen Quinte) dem Gegensatz gleich ist, oder die Gegensätze (wie bei der Secunde) noch tiefer als bei der kleinen Terz, d. h. nicht nur auf, sondern unter der Schwelle des Bewusstseins stehen, herrscht aus demselben Grunde Dissonanz.

Es ist interessant, diese apriorische Construction der
Töne aus Gleichheit und Gegensatz mit der empirischen Theorie
zu vergleichen, die Helmholtz gegeben hat. Jener zufolge sind
die Töne einfache Empfindungen; jeder derselben lässt sich
aber vermöge einer zufälligen Ansicht (Hptp. d. Met. §§. 2, 5)
‚in Gedanken zerlegen in Gleiches und in Entgegengesetztes‘.
Vermöge des Ersteren müssen sie ‚zum Theil Eins werden‘,
vermöge des Letzteren ‚zum Theil einander widerstreben‘; d. h.
obgleich sie einfach sind, muss ihr Verhalten zu einander doch
so angesehen werden, als wären sie zusammengesetzt.

Nach Helmholtz nun sind die Tonempfindungen das
wirklich, was sie Herbart zufolge nur vermöge einer zufälligen Ansicht sein sollen. Er weist nach, dass alle Töne,
die wir hören, zusammengesetzt sind aus Partialtönen, deren
tiefster und stärkster, nach dem die Benennung der Tonempfindung erfolgt, von ihm Grundton, die übrigen gleichzeitig vernommenen Obertöne genannt werden. Helmholtz zeigt
nun, dass Consonanz und Dissonanz zweier gleichzeitig vernom-
mener Klänge auf dem Verhalten der beiderseitig mitklingenden
Obertöne beruhe. Obgleich, sagt er (a. a. O. S. 275) obige Namen
längst gegeben waren, ehe man von den Obertönen und ihren
Schwebungen etwas wusste, so bezeichnen sie doch das Wesen
der Sache, ungestörtes oder gestörtes Zusammenklingen, ganz
richtig. Gestört wird das Zusammenklingen, wenn die beiderseitigen Obertöne einander sehr nahe liegen, ohne zusammenzufallen (a. a. O. 275), und daher Schwebungen bilden. Dagegen fliessen Klänge, deren Obertöne ganz oder doch theilweise zusammenfallen, in demselben Verhältniss gleichmässig
neben einander ab. Dass es hiebei auf die dem Grundton am
nächsten stehenden Obertöne am meisten ankommt, erhellt
schon daraus, weil diese verhältnissmässig die stärksten sind.
Da beispielsweise der erste Oberton (die Octave des Grund-
tons) doppelt so viele Schwingungen macht, als sein Grundton,
so fallen (Vgl. d. erste Notenbeispiel a. a. O. S. 275)

der direct angegebene Ton c und der erste Oberton des tiefen C
als identisch zusammen, das Verhältniss der Schwingungszahlen

von $C:c$ ist wie $1:2$ und die Töne können keinerlei Schwebungen machen. Damit ist der Grund angegeben, warum zwei Töne, die genau um das Intervall einer Octave von einander abstehen, consoniren müssen.

Dem Anscheine nach stimmt diese Theorie mit der Herbart'schen Tonlehre so wenig zusammen, dass sie vielmehr das gerade Gegentheil darzustellen scheint. Während nach Herbart der vollkommenste Einklang, die Octave, auf dem vollkommenen Gegensatz, so beruht sie nach Helmholtz vielmehr auf nahezu völliger Gleichheit, indem der höhere Klang mit dem ersten Partialton des tiefern zusammenfällt (a. a. O. 287). Nichtsdestoweniger gibt es ein Mittel, beide Gesichtspunkte zu einigen. Die Consonanz stützt sich nach Helmholtz auf die Abwesenheit von Schwebungen zwischen den beiderseitigen Obertönen, nach Herbart auf die Abwesenheit der Nöthigung zum Einswerden. Nun entstehen aber Schwebungen überall dort, wo Töne einander sehr nahe liegen, ohne zusammenzufallen, und sie sind desto langsamer, also desto vernehmlicher, folglich störender, je kleiner die Differenz der Schwingungszahlen der betreffenden Töne ist, d. h. je näher dieselben einander liegen. Da nun einander nahe liegende Töne Herbart zufolge am meisten Gleichheit, also am meisten Nöthigung zum Einswerden besitzen, so kann das, was Helmholtz Schwebung, mit dem was Herbart Nöthigung zum Einswerden nennt, als identisch angesehen werden. Die Abwesenheit von Schwebungen bedeutet dann für den Einen ebensoviel als für den Andern die Abwesenheit der Nöthigung zum Einswerden, und die vollkommene Consonanz der Octave, von welcher die eine wie die andere gilt, ist vom Standpunkt der einen wie der andern Theorie erklärlich.

Das von Herbart als Kennzeichen der Octave angeführte Merkmal, deren Effect darin bestehe, dass sie zwei sehr leicht zu unterscheidende Töne hören lässt, erklärt sich aus dem von Helmholtz hervorgehobenen ruhigen Nebeneinanderfliessen zweier, genau um eine Octave von einander abstehender Töne und der Abwesenheit von Schwebungen zwischen den beiderseitigen Partialtönen zur Genüge. Man hat, um beide Theorien unter einander vereinbar zu finden, nichts weiter zu thun, als die ,zufällige Ansicht' Herbart's zur nothwendigen zu machen,

und die Qualität der Tonempfindungen statt für einfach, für
thatsächlich zusammengesetzt aus Gleichem und Entgegen-
gesetztem anzusehen. Die Consonanz zweier zugleich ver-
nommener Klänge erscheint dann um so bedeutender, je mehr
und je näher dem Grundton gelegene Obertöne derselben zusammenfallen, d. h. je weniger Schwebungen, das ist Nöthigung
zum Einswerden in den beiden Klängen vorhanden ist. Dagegen
dissoniren die Klänge um so stärker, wenn keine oder nur
sehr weit vom Grundton abstehende (in Folge dessen unver-
nehmliche) Obertöne coincidiren, also die Menge der Schwebungen und in Folge dessen das Quantum der Nöthigung zum
Einswerden sehr gross ist. Letzteres ist bei der kleinen und
grossen Secunde, bei der grossen und in milderem Grade bei
der kleinen Septime, Ersteres bei der Octave, der Duodecime
und zweiten Octave, sowie bei der mehr in der Mitte des
Octavintervalls gelegenen Quinte, Quarte und grossen Sext,
in minderem Grade bei der grossen und kleinen Terz der Fall,
die daher erst seit dem 12. Jahrhundert und auch dann nur
für unvollkommene Consonanzen gelten. (Vgl. Helmh. a. a.
O. S. 287 u. ff.)

Der Verwandlung der Tonempfindung aus einer einfachen in
einen Complex mehrerer gleichzeitigen Empfindungen zugleich
klingender Töne steht von Seite Herbart's um so weniger im
Wege, als seine eigene gelegentlich geäusserte Ansicht über
den Bau des Gehörorgans mit der von Helmholtz seiner
Theorie zu Grunde gelegten im Wesentlichen zusammentrifft.
Letzterer sagt (a. a. O. S. 215): dass es verschiedene Theile
sein müssen, welche durch verschiedene Töne in Schwingung
versetzt werden und diese Töne empfinden. Werde daher
ein zusammengesetzter Klang (oder ein Accord) dem Ohre zu-
geleitet, so werden alle diejenigen elastischen Gebilde erregt,
deren Tonhöhe den verschiedenen in der Klangmasse ent-
haltenen einzelnen Tönen (dem Grundton und seinen Obertönen) entspricht, und bei gehörig gerichteter Aufmerksamkeit
werden daher auch alle die einzelnen Empfindungen der einzelnen einfachen Töne einzeln wahrgenommen (der Accord
wird in seine einzelnen Klänge, der Klang in seine einzelnen
Töne zerlegt) werden können. Herbart sagt (Lehrb. z. Psych.
§. 72 W. V. S. 54): wahrscheinlich habe jeder musikalische

Ton seinen eigenen Antheil am Organ. Ausserdem wäre nicht wohl einzusehen, wie gleichzeitige Töne gesondert bleiben, und warum sie nicht einen dritten gemischten Ton erzeugen, welches die ästhetische Auffassung der Intervalle vernichten würde. Man bedenke, dass die erste Ausgabe des Lehrbuches 1816 erschienen ist. Es wird genügen, um beides verträglich zu finden, von Seite der Psychologen zuzugeben, dass sämmtliche Reize, welche das Ohr treffen können, nicht einfache Klänge, sondern ‚Klangmassen‘ sind, denselben daher auch nicht einfache Empfindungen, sondern ganze Complexe von solchen als primitive Gehörssensationen entsprechen. Man hätte, um Herbart's mathematischen Calcul auf die empirischen Thatsachen anzuwenden, sodann nur nöthig, demselben an der Stelle einfacher Empfindungen, Complexe von solchen, die theilweise entgegengesetzt, theilweise gleichartig sind, zu Grunde zu legen.

Ich habe auf diese Nothwendigkeit bereits an einem andern Orte (Aesth. als Formwiss. Wien 1865. Vorr. IX u. S. 43 u. ff.) hingewiesen und Andere (z. B. Pokorny : Zeitschr. f. ex. Philos. VIII, 3. 261 u. ff.) sind mir in diesem ‚entscheidenden Schritt‘ gefolgt. Dass die Herbart'sche Tonlehre in ihrer ursprünglichen Gestalt unhaltbar sei, haben innerhalb der Schule schon Andere, besonders Theodor Waitz und W. Resl gefühlt. Ersterer machte die tief einschneidende Bemerkung, es sei eine ‚unstatthafte‘ Fiction, wenn man, wie es die ‚zufällige Ansicht‘ verlangt, an den Vorstellungen Gleiches und Entgegengesetztes ‚nur im Denken‘ unterschieden und doch in normalem Gegeneinanderwirken begriffen sein lasse (Lehrbuch der Psycholog. als Naturw. S. 148). Statt jedoch daraus den Schluss zu ziehen, dass die mit einander in Wechselwirkung stehenden sinnlichen Vorstellungen (Klangempfindungen) eben nicht einfache Empfindungen, sondern aus theilweise gleichartigen, theilweise entgegengesetzten Elementarempfindungen (die bei den Klängen etwa den einzelnen Impulsen der Schallwelle entsprechen) zusammengesetzte Complexe seien, hielt er an der Einfachheit der Empfindungen fest, und verlegte das Mannigfaltige, aus dem das angenehme und unangenehme Gefühl hervorgehe, in die ‚zusammengesetzten Nervenreize‘. Waitz verfiel dadurch in den demjenigen, welchen er Herbart vorwarf, entgegengesetzten Fehler. Dieser habe, sagte er, dem Satze, dass ‚Schwin-

gungen keine Vorstellungen, keine Seelenzustände seien', eine
zu weitreichende Bedeutung beigelegt. Um auf psycholo-
gischem Gebiet zu bleiben, habe er das Mannigfaltige der
Gleichheit und des Gegensatzes in den elementaren Empfindungen
in eine blosse Fiction verwandelt. Waitz dagegen, um das
Mannigfaltige derselben zu retten, verlegt es in den blossen
'Nervenreiz' und bleibt dadurch gänzlich auf physiolo-
gischem Gebiet! Resl (a. a. O. Zeitschr. f. ex Phil. VI, 2. S. 178
Vergl. ebendas. VIII, 3. S. 266) vermied diesen Fehler, indem
er, was Waitz Nervenreiz nannte, für 'Empfindungen' erklärte
und in dem einzelnen Tone (wie Helmholtz im 'Klange') eine
Reihe von einzelnen Vorstellungen unterschied. Da er aber
auf die Lehre von den Obertönen, die erst 1862 (seine Abhandlung ursprünglich bereits 1857) erschien, keine Rücksicht
nehmen konnte, so irrt er darin, dass er unter diesen Partialempfindungen nur die nacheinander, durch die Zeiträume von $\frac{1}{8}$
bis $\frac{1}{24000}$ Secunde getrennt, aus Eindrücken der einzelnen
Schallwellen mittels der Nerven auf die Seele hervorgehen-
den einfachen Vorstellungen versteht. Nach Helmholtz sind
die Partialklänge der vernommenen 'Klangmasse' wirkliche
musikalische Töne, und die denselben entsprechenden 'Partialempfindungen' der zusammengesetzten 'Klangempfindung' meiner
Ansicht zufolge wirkliche Tonempfindungen. Die von Resl
entwickelte Theorie, welche mit der von Lotze (Medicin.
Psycholog. S. 204) angedeuteten der 'psychischen Oscillationen'
sich berührt, begegnet wie diese der Schwierigkeit, die Lotze
(a. a. O. S. 205) in die inhaltschwere Frage zusammenfasst:
wie sich die psychischen Elementarzustände, davon jeder einer
Luft- (oder Aether-) Schwingung entspricht, zu den qualitativ
bestimmten Empfindungen (wirklicher Töne und Farben) verhalten? Resl erklärt, wesshalb musikalische Töne, bei denen
die Schwingungen (und folglich auch die den einzelnen Impulsen
der Schallwellen entsprechenden Partialempfindungen) periodisch
und gesetzmässig erfolgen, verglichen mit dem ungeregelten
Schall um ihrer Gleichartigkeit willen gefallen. Dass er damit
nur dasjenige Phänomen theoretisch begreiflich macht, welches
ich (Aesth. §. 519) Reinheit des Tons genannt habe, ist von
Pokorny (a. a. O. S. 266) richtig erkannt worden. Für die
Lösung der eigentlichen Frage wäre die Theorie Eulers, die

sich auf Leibnitz' bekannten Ausspruch über die Musik stützte, näher zur Hand gelegen. Leibnitz erklärte die Wirkung der Musik für ein ‚unbewusstes Zählen‘; Euler bestimmte das Wohlgefallen an der Musik als Folge des Wahrnehmens ‚rationaler Verhältnisse der Tonschwingungen‘. Helmholtz' Einwand gegen die letztere, dass eben gar nicht gesagt sei, wie es die Seele denn mache, dass sie die Zahlenverhältnisse je zwei zusammenklingender Töne wahrnehme (a. a. O. S. 351), trifft den Nagel auf den Kopf. Der natürliche Mensch, sagt er sehr richtig, macht sich kaum klar, dass der Ton auf Schwingungen beruht. Jedenfalls darf sein Wohlgefallen an der Musik nicht von dieser (rein physikalischen) Kenntniss abhängig gedacht werden. Die physikalische Wirkung zweier Verhältnisse aber, die intermittirende oder continuirliche Empfindung des Hörnerven (Anwesenheit oder Abwesenheit von Schwebungen) kann sie mit Leichtigkeit wahrnehmen. Zu dem Ende muss jedoch die Vorstellung von der Einfachheit der Tonempfindungen und deren bloss ‚in Gedanken‘ als ‚zufällige Ansicht‘ vor sich gehender Zerlegung in Gleichartiges und Entgegengesetztes aufgegeben und an deren Stelle die mit der Helmholtz'schen Theorie der Consonanz und Dissonanz mittels der ganz oder theilweise zusammenfallenden oder in Schwebungen verharrenden Partialtöne in Einklang stehende Theorie zusammengesetzter concreter Tonempfindungen (vgl. meine Aesth. als Formwiss. §. 462) substituirt werden.

Auch gegen die oben angefochtene Auffassung der Octave als des Intervalls vollen Gegensatzes, dieses Fundament der Tonlehre Herbart's, hat schon Waitz (a. a. O. S. 147) Bedenken erhoben, der sie ‚willkürlich‘ nannte. Scheint es, meint er, nicht weit natürlicher, die Grösse des Gegensatzes direct nach der Grösse des Intervalls zu bestimmen und nächst dieser nach dem Grade der Disharmonie? Auf das Befremden, das es erregen muss, wenn nach obiger Annahme der volle Gegensatz dahin fällt, wo der Erfahrung des Ohrs zufolge der vollkommenste Einklang herrscht, ist oben schon hingewiesen worden. Zugleich aber auf den Weg, auf welchem, wenn nur die unhaltbare (und höchstens in propädeutischen Lehrbüchern der Einfachheit wegen vgl. m. Lehrb. der philosoph. Propaedeutik, 3. Auflage. S. 199 u. 201, wo statt ‚einfache‘ immer der Ausdruck ‚elementare oder, ursprüngliche‘ Empfindung gebraucht wird, erlaubte) Annahme, dass die concreten Ton- (und Farben-) Empfindungen einfach seien, beseitigt wird, eine Vereinigung der Herbart’schen und Helmholtz’schen Tonlehre sich ermöglicht.

Welcher Verbesserungen im Ganzen und Einzelnen aber auch Herbart’s Tonlehre bedürftig und fähig sein möge, ihr Einfluss auf seine Philosophie, der Gegenstand dieses Vortrags, ist darum nicht minder gewichtig. Nicht nur dient sie ihm als erwünschte Bestätigung der Richtigkeit seiner Schwellenformel, des Keimes der mathematischen Psychologie, sondern zugleich als Vorbild für das gleichfalls a priori construirte Schema ästhetischer Willensverhältnisse, das er seinem zur selben Zeit entworfenen System der praktischen Philosophie zu Grunde legte. Letzteres, wie er an seinen Jugendfreund, den spätern Bürgermeister Johannes Smidt in Bremen, am 17. Jan. 1808 von Göttingen aus schrieb (Herb. Rel. S. 170), obgleich auf Götting’schem Boden gewachsen, keimte bereits in Bremen (während seines Aufenthaltes daselbst im Smidt’schen Hause nach seiner Rückkehr aus der Schweiz vom März 1800 bis Ende April 1802)[1]. Die Rechnungen, die in den Hauptpunkten der Metaphysik erscheinen, sind nach derselben Quelle bereits im Jahre 1800 mit denselben Formeln ausgeführt worden, und haben sich, wie er nicht ohne Selbstgefühl hinzusetzt, durch ihre (obige) Anwendung auf die theoretische Musik auffallend bewährt. Die Wurzeln seiner Philosophie reichen noch weiter, nach seiner eigenen Erklärung (an Carl Steiger a. a. O. 146) bis in’s Jahr 1798 zurück[2], wo er während eines dreiwochentlichen Aufenthalts an dem ‚kleinen Bach von Engisstein‘ bei Hochstetten im Canton Bern ‚sein System fand‘. In dem ‚Ersten problematischen Entwurf der Wissenslehre‘ (W. XII. S. 38—57) sind nach Hartenstein’s Urtheil (W. XII. Vorr.

---

[1] Dasselbe erschien, wie aus dem Briefe an C. v. Steiger (Herb. Reliq. S. 163) erhellt, schon vor dem 22. Nov. 1807, ebenso die Hptp. d. Met.
[2] Er ist der ‚philosophischen Muse‘ zuerst an dem ‚kleinen Bach zu Engisstein‘ begegnet. (Vgl. d. Brief v. Ende August 1798 an C. St. S. 146 u. d. Brief v. Behlendorf an Rist. S. 87.) Die Hptpkte d. Met. erschienen in d. ersten Bearb. bereits 1806. Vgl. Br. an C. St. v. 23. Aug. 1806. Am selben Tage ging d. Logik (Hptpkte d. Logik) in die Druckerei ab. Geschrieben wurden d. Hptpkte ‚ohne Absatz in drei Wochen‘ (Ebendas. S. 159).

S. XI.) die Grundbegriffe seiner Psychologie durch die aus
Fichte's Schule anhängenden trüben und unklaren Elemente
hindurch bereits deutlich zu erkennen. Für die ihm später
so wichtige Anwendung auf die Tonlehre ist es bedeutsam,
dass schon hier unter den Beispielen nicht in- sondern aneinander liegender und sich einander ausschliessender Gefühle,
welche deshalb ein ‚Continuum‘ bilden, die ‚Tonlinie‘ genannt
wird (a. a. O. S. 42). Die oben hervorgehobene Vermischung
des ‚mathematischen‘ und des ‚logischen‘ Continuums, deren
erstes zwischen je zwei Punkten einen dritten enthält, während
das zweite zwischen je zwei auf einanderfolgenden Gliedern
kein drittes duldet, geht, wie man sieht, bis auf das embryonale
Ei seiner Philosophie zurück.

In der logischen ‚Continuität‘ liegt die Aehnlichkeit der
Tonlinie mit der Reihe praktischer Ideen, welche die Basis
von Herbart's praktischer Philosophie bildet. Jene stellt eine
Folge von logisch dicht aneinander (mit Ausschliessung jedes
Mittelgliedes) gereihten Ton-, diese eine von ebenso beschaffe-
nen Willensverhältnissen dar. Bei oberflächlicher Vergleichung
kann es auffallen, dass nach Herbart die Tonlinie nicht mehr
als fünf ausgezeichnete Intervalle: Octave, (falsche und reine)
Quinte, (kleine und grosse) Terz, Quarte und Secunde zählt,
da er die Sexten und Septimen nur als Umkehrungen der Terz
und Secunde gelten lässt. Man könnte versucht sein, in der
entsprechenden Fünfzahl der praktischen Ideen eine Accommo-
dation an die erstere zu wittern. Davon wird man zurück-
kommen, wenn man bedenkt, dass die Reihe der ästhetischen
Willensverhältnisse zwar gleichfalls fünf, aber, wenn man das
beifällige und das missfällige Verhältniss besonders zählt,
eigentlich acht Glieder enthält, und zwar in der Reihenfolge:

Innere Freiheit	Vollkommenheit	Wohlwollen
Innere Unfreiheit	Unvollkommenheit	Uebelwollen
(Recht)	(Billigkeit)	
Streit	Unvergoltene That,	

von denen drei beifällig, fünf dagegen unbedingt missfällig sind.
Die falsche Quinte zählt Herbart besonders auf, wodurch die
Zahl der ausgezeichneten Intervalle auf sechs, die kleine Terz
unterscheidet er von der grossen, wodurch sie auf sieben steigt.
Darunter sind fünf harmonisch, zwei disharmonisch, so dass

die Beschaffenheit beider Reihen weder in der Zahl noch in
der Qualität der einzelnen Glieder stimmt. Demungeachtet
findet Herbart ihre Vergleichung ‚nützlich‘; stellt er die musikalische Harmonielehre, den Generalbass, als Vorbild einer
Aesthetik hin, wie wir noch keine haben (W. VIII. 20). Da
er dessenungeachtet ausdrücklich einen ‚Unterschied‘ zwischen
Musik und den ästhetischen Bestimmungen über räumliche
und zeitliche Verhältnisse statuirt (Psych. Unters. Erstes Heft
W. VIII. S. 222), so kann sich diese Mustergiltigkeit auf
nichts Anderes als die Abgeschlossenheit der ursprünglichen
harmonischen und disharmonischen Tonintervalle beziehen, von
welcher ein Aehnliches nicht nur der Aesthetik anderer Künste,
sondern insbesondere auch der Aesthetik des Willens zu
wünschen wäre.

　　　Nicht sogleich am Beginn von Herbart's Ideenlehre tritt
dieser geschlossene Charakter derselben hervor. Es hat etwas
Befremdendes für den Leser, wenn nach den vorausgeschickten
Betrachtungen über die Natur des ästhetischen Geschmacks
das erste Buch der praktischen Philosophie, die Ideenlehre,
sofort mit der Idee der inneren Freiheit beginnt und die
übrigen folgen lässt, anscheinend wie aus dem Monde gefallen.
Erst in dem siebenten Capitel, welches den Uebergang von
den ursprünglichen zu den abgeleiteten Ideen enthält, und
auch da nur beiläufig und in knappster Form wird ein Ein-
blick gewährt in das Gefüge der ‚Grundlehren‘; die Reihe der
ursprünglichen Ideen wird als ‚geschlossen‘ bezeichnet (a. a. O.
VIII. S. 74). Das erste Verhältniss, heisst es, fand sich zwischen
der Beurtheilung selbst und dem ihr entweder entsprechenden
oder nicht entsprechenden Wollen überhaupt; das zweite
zwischen den mehreren Strebungen, die schon in einem und
demselben wollenden Wesen einander der Grösse nach messen;
das dritte lag gleichsam auf der Grenze des Fortschritts zu
einer Mehrheit von Vernunftwesen, indem es zunächst nur
einen vorgestellten fremden Willen mit dem eigenen Willen
des Vorstellenden zusammenfasste; das vierte entstand im Zusammentreffen mehrerer wirklicher Willen auf einen äussern
Gegenstand; das fünfte ergab sich aus der absichtlichen That,
wodurch ein Wille dem andern Wohl oder Wehe bereitet.

Dass diese ‚geschlossene' Reihe einen ‚Fortschritt' enthalten
soll, wird hier klar gesagt. Ebenso dass derselbe von der ein-
facheren Annahme nur eines zu der erweiterten zweier ‚Vernunftwesen' gehe, zwischen welchen die blosse Vorstellung eines
zweiten ‚auf der Grenze' liegt. Warum die eine jener Voraus-
setzungen einfacher sei als die andere, wird nicht gesagt, aber
springt in die Augen, wenn man bedenkt, dass die eigenen
Zustände, sie mögen untereinander noch so verschieden sein,
ohne Zweifel uns näher stehen als fremde, diese mögen in
anderer Beziehung den unsern noch so ähnlich sein. Der
logische Gegensatz eigener und fremder Zustände aber ist ein
vollständiger, der jedes Mittelglied ausschliesst, der Fortgang
von einem zum andern Gliede daher ein ‚continuirlicher' im
logischen (wenn auch nicht im hier überhaupt unanwendbaren
mathematischen) Sinne. Das ‚auf der Grenze' gelegene Verhältniss liegt streng genommen diesseits derselben, nach der
Seite der eigenen Zustände hin. So lange der fremde Wille
nur vorgestellt wird, ist er eben nur eigene Vorstellung.
Der fremde Wille macht zwar ihren Inhalt, dieselbe nichtsdestoweniger für den Vorstellenden nichts Fremdes aus. Die
eigene Vorstellung eines fremden Willens steht dem Vorstellenden immer noch näher, als dieser fremde Wille selbst, voraus-
gesetzt, dass ein solcher vorhanden ist.

Was hier durch ‚Nahestehen' bezeichnet wird, ist im
Grunde reale Zusammengehörigkeit. Zustände eines und
desselben Vernunftswesens, sie mögen untereinander noch
so heterogen sein, sind einander psychologisch genommen
viel näher verwandt, als Zustände zweier verschiedener
Individuen, dieselben mögen logisch genommen einander noch
so ähnlich sein. Zwischen dem Ich und dem Du liegt eine
metaphysische Scheidewand; zwischen dem Willen des Einen
und jenem des Andern ist die Gleichheit höchstens eine
logische. Die Glieder eines ästhetischen Willensverhältnisses sind
daher einander viel mehr entgegengesetzt, wenn jedes einem
vom anderen verschiedenen, als wenn beide einem und
demselben ‚Vernunftwesen' angehören. Der Fortgang von der
Annahme eines zu jener zweier Vernunftwesen ist daher zugleich ein solcher von Verhältnissen, deren Glieder einander

im niederen, zu solchen, deren Glieder einander im höheren
Grade entgegengesetzt sind.

Die Analogie mit der Tonreihe wird sichtbar. Auch die
musikalischen Tonintervalle sind eine logisch continuirliche Folge
von Verhältnissen mit allmälig steigendem Grade des Gegensatzes zwischen den Gliedern. Gelingt es, zu zeigen, dass der
Gegensatz zwischen den Gliedern der Verhältnisse innerhalb
der ersten und zwischen jenen innerhalb der zweiten Gruppe
sich ebenso stetig ‚steigere‘, als diess zwischen den beiden
Gruppen selbst der Fall ist, muss jene Verwandtschaft immer
schärfer hervortreten.

Die erste Gruppe umfasst drei, die letztere zwei ästhetische Willensverhältnisse.

Bei dem ersten Verhältnisse sind die Glieder, wie oben
bemerkt, die eigene Beurtheilung und das eigene (derselben
entweder entsprechende oder nichtentsprechende) Wollen; bei dem
dritten der eigene (wirkliche) und ein vorgestellter fremder
Wille (mit welchem der eigene entweder harmonirt oder in Oppo-
sition tritt: Wohl- und Uebelwollen). Das Eigenthümliche des ersten
Verhältnisses (der Idee der innern Freiheit) liegt darin, ‚dass
es zwei ganz heterogene Aeusserungen des Vernunftwesens
verknüpft, den Geschmack und die Begehrung‘ (a. a. O. 35),
‚heterogen‘, weil der eine der Region des Vorstellens (Urtheilens),
die andere jener des Strebens angehört. In diesem Sinne
können auch die Glieder des dritten Verhältnisses heterogen
genannt werden, weil das eine Wollen, das andere nur Vorstellung eines solchen ist. Es findet daher in dieser Hinsicht
zwischen den beiden Verhältnissen vielmehr eine Aehnlichkeit
als eine Entgegengesetztheit statt. Dieselbe geht noch weiter,
wenn man erwägt, dass der ‚Geschmack‘ mustergiltiges Vorstellen, der sittliche insbesondere für das Wollen mustergiltiges
Vorstellen d. h. Vorstellung eines Wollens (gedachtes
Wollen) ist, welchem das wirkliche eigene Wollen entweder
entspricht oder nicht entspricht; auch bei dem dritten Verhältniss ist dasjenige Glied, mit welchem das eigene, wirkliche
Wollen entweder im Einklang oder im Contrast sich befindet,
Vorstellung eines Wollens (gedachtes Wollen)! An diesem
Ort aber beginnt die Abweichung: das gedachte fremde steht
dem eigenen wirklichen Wollen offenbar ferner als das ge-

dachte eigene Wollen. Der Grad des Gegensatzes zwischen den Gliedern hat sich bei dem dritten Verhältnisse gesteigert gegen das erste.

Das erste und das dritte Verhältniss haben das miteinander gemein, dass ihre Glieder untereinander ,heterogen', ein ,Wollen' und ein ,Vorstellen' sind. In diesem Betracht sind beide von dem zweiten verschieden, bei welchem nach Obigem beide Glieder ,Strebungen', also homogen sind. Qualitativ findet sonach in diesem Fall zwischen den Gliedern nicht nur nicht der geringste Grad des Gegensatzes, sondern überhaupt gar kein Gegensatz statt. Beide wären eines und dasselbe und es verschwände jedes ästhetische Verhältniss zwischen ihnen, wenn sie nicht quantitativ, d. h. der ,Grösse nach' verschieden wären. Hier aber tritt weiter kein gradweiser, sondern sogleich der volle Gegensatz ein, indem beide ,Strebungen' sich ,aneinander messen', die eine nothwendig die stärkere, die andere die schwächere sein muss. Wären sie beide gleich stark, so wären sie ebensowenig quantitativ, wie nach Obigem qualitativ verschieden, in jeder Hinsicht identisch, und ein ästhetisches Verhältniss zwischen ihnen bestünde nicht mehr.

Wir werden an das Intervall des vollen Gegensatzes, die Octave, sowie durch die steigenden Gegensatzgrade des ersten und dritten Verhältnisses, an die gleichfalls im Steigen begriffenen Gegensätze der harmonischen Intervalle der Terz, Quarte und Quinte erinnert. Die (logische) Gleichheit der Glieder weicht in dem Masse zurück, als deren (logischer) Gegensatz wächst; metaphysischer Gegensatz ist, da alles im nämlichen ,Vernunftwesen' beisammen ist, noch keiner vorhanden.

An der zweiten Gruppe ästhetischer Willensverhältnisse taucht dieser zuerst empor zwischen den beiden ,Vernunftwesen', deren wirkliche Wollen mit und zueinander in ein Verhältniss treten; zugleich aber ist die logische Gleichheit beider Vernunftwesen so gross, dass die beiden Verhältnissglieder fast nicht zu unterscheiden sind. Das Du, das dem Ich gegenübersteht, ist in jeder Beziehung demselben völlig gleichartig, ein Wesen ,seines Gleichen', so dass man jedes an die Stelle des andern setzen könnte, ohne dass das Verhältniss beider dadurch eine Aenderung erführe. Letzteres selbst

aber entsteht dadurch, dass beide in einer und derselben ge-
meinschaftlichen Sinnenwelt existiren und darin ihr beider-
seitiges Wollen zur Aeusserung bringen, entweder ohne
Wissen des Einen vom Dasein des Andern, oder unter Voraussetzung, ja in Folge dieses Wissens. Da sie nun, um einander äusserlich mit ihren Willensacten zu berühren, nothwendig auf denselben Punkt losgehen müssen, so sind beide
wollende ‚Vernunftwesen‘ auch in dieser Hinsicht, was den
Inhalt ihres Willens betrifft, nicht zu unterscheiden; ihre
Differenz besteht daher schlechterdings in weiter nichts, als in
der metaphysischen Thatsache, dass der Eine nicht der Andere
und dieser nicht jener ist.

Die Gleichheit ist hier so gross, dass der vorhandene
Gegensatz nur eben zur Unterscheidung hinreicht, ganz wie
es die Herbart'sche Tonlehre von dem Secundenintervall verlangt. Daher auch der dort entwickelten Theorie gemäss das
Streben zur Einigung am stärksten, die Dissonanz am em-
pfindlichsten. Die metaphysische Scheidung ist nun einmal
nicht hinwegzuräumen. Dieser Gegensatz bleibt bestehen und
das Streben zur Einigung kann nur vermindert werden, wenn
der Gegensatz vermehrt wird. Diess geschieht, wenn die beiden,
die bisher dasselbe wollten, entweder gar nicht oder nicht
mehr dasselbe wollen, d. h. der Eine zu Gunsten des Andern
auf das Gewollte verzichtet (Ursprung des Rechts).

Der von Herbart weiter eingeführte Gegensatz des ab-
sichtslosen oder absichtlichen Zusammentreffens beider ‚Vernunftwesen‘ setzt das logische Continuum fort und führt zugleich eine Steigerung des metaphysischen Gegensatzes derselben herbei. An dem zufälligen Zusammentreffen haben beide
Vernunftwesen gleichen, an dem absichtlichen hingegen beide
ungleichen Theil. Dort ist Keiner, hier nur Einer vorsätzliches
Object des andern. Und zwar entfernen sich beide nach entgegengesetzten Seiten hin gleich weit von ihrer ursprünglichen
Gleichheit, so dass der Thätige zu seinem ursprünglichen
Niveau ebensoviel zulegt, als der Leidende unter dasselbe
heruntersteigt. Das Streben nach Einigung muss daher, da die
Gleichheit der Glieder geringer wird, sich mindern, die Dissonanz
an Empfindlichkeit abnehmen. In der That findet Helmholtz
(a. a. O. S. 287) die kleine Septime, die wie die grosse nach Her-

bart's Tonlehre nur eine umgekehrte und zwar ‚grosse‘ Secunde ist, noch milder als diese und an der Grenze der
Dissonanzen stehend. Die beiden letzten ästhetischen Willensverhältnisse dürften daher ohne Anstand in directer
Reihenfolge der grossen und kleinen Secunde parallell gedacht
werden.

Endlich ist es vielleicht nicht zufällig, dass die härteste
musikalische Dissonanz, die falsche Quinte, nach Herbart in
der Mitte der Octave (dicht neben der reinen), das ‚hässlichste‘
aller Verhältnisse, das ‚Uebelwollen‘ (a. a. O. S. 43), gerade
‚an der Grenze‘ des Uebergangs von einem zu mehreren Vernunftwesen (dicht neben dem Wohlwollen) liegen soll.

Mit Ausnahme der Quarte und einer der beiden Terzen,
von denen die kleine bis an's Ende des Mittelalters als Dissonanz angesehen wurde (Helmh. a. a. O. S. 345), finden sich
in der Reihe der einfachen ästhetischen Willensverhältnisse
Parallelen für jedes der einfachen Tonintervalle der Herbart'-
schen Tonlehre wieder. Dem der Idee der Vollkommenheit zu
Grunde liegenden Verhältniss entspricht die Octave, jenem
der innern Freiheit die grosse Terz, jenem des Wohlwollens
die reine (ihrem Gegentheil, dem Uebelwollen, die falsche)
Quinte, dem Verhältniss des Streits, auf welchem die Rechts-
idee, und jenem der unvergoltenen That, auf welchem die Idee
der billigen Vergeltung aufgebaut ist, die kleine und die grosse
Secunde (grosse und kleine Septime). Als Seitenstücke zur
falschen Quinte dürften die falsche Octave und die der Secunde
sehr nahestehende, ‚der Störung durch den Grundton noch
merklich ausgesetzte‘ (Helmh. S. 289), an Zahl der Dissonanz
verursachenden Schwebungen (6) alle übrigen für consonirend
geltenden Intervalle übertreffende (a. a. O. 281) kleine Terz [1],
wie jene dem Uebelwollen, so diese etwa der Unvollkommenheit
und innern Unfreiheit analog angenommen werden, wenn es hier

---

[1] Dass die kleine Terz enger als ein Viertel der Octave, ja enger als die
übermässige Secunde sei, sagt Herbart selbst (Psych. Bemerk. VII S. 19.).

nicht vielmehr darauf ankäme, die leitende Idee der praktischen
Philosophie Herbart's als eine musikalische aufzudecken, denn
darauf, sie als solche fortzusetzen.

Keine Rücksicht auf Flüchtigkeit und (gegen die Einfluss-
nahme der Musik auf Philosophie gerichtete) Vorurtheile, sagt
Herbart (VII. S. 25), solle ihn hindern, über die Beziehung
der vorliegenden (psychologischen) Untersuchung (über die
Tonlehre) auf praktische Philosophie das Nöthige zu sagen.
Er habe gezeigt, dass die letztere Wissenschaft auf einer
Anzahl von genau bestimmten ästhetischen Urtheilen (den
obigen fünf oder acht beifälligen und missfälligen ästhetischen
Willensverhältnissen) ruhe. Das Gebäude der Musik stehe seit
Jahrhunderten auf den ästhetischen Bestimmungen der obigen
(fünf oder acht) Tonverhältnisse unerschüttert. Herbart ist so
durchdrungen von der Analogie, die zwischen der musikalischen
Ton- und der ethischen Ideenreihe herrscht, dass ihm, die
Sache mit dem treffenden Worte zu bezeichnen, der Ausdruck
entschlüpft: ‚die Musik sei das Gleichniss der praktischen
Philosophie!‘ (a. a. O. 26).

Schwerlich wird er dabei nur an die immerhin nicht
gering zu achtende Aehnlichkeit der einzelnen Ton- mit den
einzelnen Willensverhältnissen gedacht haben. Die voran-
stehende Erörterung wird hinreichend sichtbar gemacht haben,
dass wenn dieselben wirklich als ‚Gleichnisse‘ für einander
gelten sollen, auch das übliche ‚Hinken‘ denselben nicht völlig
erspart geblieben ist. Auch die ‚Continuität‘ der Tonlinie bildet
einen schwachen Vergleichungspunkt, wenn sie, wie man aus
dem Tadel, ‚dass es während der langen Herrschaft der Kant'-
schen Philosophie Niemandem eingefallen sei, dieselbe mit
Raum und Zeit zu vergleichen‘ (a. a. O. S. 25), sieht, das
mathematische Continuum im Auge behält. Setzt man dagegen an Stelle des letzteren das logische Continuum einer vollständigen Reihe von Gegensätzen, deren einzelne Glieder sich
unter einander ausschliessen, so tritt die Aehnlichkeit der auf
diesem Wege a priori construirten geschlossenen Ton- und
ebensolchen Ideenreihe schlagend hervor.

Im Anfang sind beide Glieder des Willensverhältnisses in einem und demselben Vernunftwesen beisammen und zwar beide (eigene) wirkliche Willensacte, welche, da sie sich nicht qualitativ (durch ihre ihrer Unberechenbarkeit halber unvergleichbaren) Objecte unterscheiden können, quantitativ durch ihre Stärke (Mannigfaltigkeit, Ordnung) sich unterscheiden müssen, wobei der stärkere neben dem schwächern gefällt, der letztere neben dem ersteren missfällt. (Idee der Vollkommenheit, Unvollkommenheit.) Dem eigenen wirklichen nun steht als Gegensatz der bloss gedachte eigene Wille (der Gedanke eines eigenen Willens) d. h. das Vorbild eines solchen entgegen, zu welchem das eigene Wollen selbst sich entweder als nachahmendes oder als contrastirendes Abbild verhält d. h. die beifällige Uebereinstimmung von Wollen und Einsicht oder deren missfälliges Gegentheil (Idee der innern Freiheit, Unfreiheit). Von dem gedachten eigenen aber stellt wieder das gedachte fremde Wollen den contradictorischen Gegensatz dar, woraus sich das dritte Verhältniss des eigenen wirklichen zu dem gedachten fremden Wollen entweder als beifällige Harmonie oder als missfällige Disharmonie beider ergibt (Idee des Wohlwollens, des Uebelwollens). Ein neues Verhältniss entsteht, wenn statt des bloss gedachten ein wirkliches fremdes Wollen dem eigenen gegenübertritt, wobei nun der Fall eintreten kann, dass dasselbe als Wollen eines andern Vernunftwesens von dem ersten nicht, oder dass es als solches auch gedacht wird. Im ersten Falle kann diess Zusammentreffen des wirklichen Wollens (beider Vernunftwesen) nicht anders als zufällig (Streit), im andern auch absichtlich (That) erfolgen, wobei ersterer immer, letztere nur so lange missfällt, als sie unvergolten bleibt (Idee des Rechts und Idee der Billigkeit).

Auch hier liegt, wie leicht zu erkennen, eine Reihe von Dichotomieen zu Grunde. Das einzelne Vernunftwesen steht den mehreren, die qualitative Gleichheit beider Verhältnissglieder ihrer Verschiedenheit, die Stärke der Schwäche, das eigene Wollen dem fremden, das wirkliche dem gedachten gegenüber.

Die Combination der verschiedenen Eintheilungen untereinander vollzieht sich nach folgendem Schema:

Eigenes wirkliches Wollen, und eigenes wirkliches Wollen

„   „   „   „   „ gedachtes „

„   „   „   „ fremdes „   „

„   „   „   „   „ wirkliches „

„   „   „   „   „ und gedachtes Wollen,

womit die Reihe der möglichen Willensverhältnisse geschlossen ist.

Wie bei der Tonreihe liegt das Motiv der Zuversicht in die Vollständigkeit der Ideenreihe in deren logischer Geschlossenheit. Die empirische Bestätigung, die durch das Ohr bei jener zu Hilfe kommt, während es dieser, wenn man nicht die Stimme des unbefangenen ästhetischen Urtheils (des Geschmacks) dafür gelten lassen will, an einer solchen fehlt, wird vermöge der gleichnissartigen Natur der Musik von dieser auf die Ethik übertragen. Die unanfechtbaren Tonintervalle dienen nicht bloss der rationalen Psychologie, sondern auch der apriorischen Construction des unbedingt Löblichen und Schändlichen als ‚veste Punkte in der Erfahrung‘. Wie das Zusammentreffen der nach den apriorischen Grundformeln der Psychologie berechneten mit den erfahrungsgemäss feststehenden Tonintervallen geeignet ist, Zutrauen zu jenen einzuflössen, so taugt umgekehrt die allgemein anerkannte Geltung der Tonreihe längst vor, und unabhängig von jener psychologischen Theorie dazu, die Unabhängigkeit der praktischen Philosophie von der theoretischen darzuthun. So wenig eine psychologische Theorie die Wahrheit der Tonlehre selbst begründen kann, so wenig hängen die ‚ersten Unterscheidungen des Löblichen und Schändlichen von einer (psychologischen) Theorie über die Möglichkeit solcher Unterscheidungen oder von Lehrsätzen über die Möglichkeit der Befolgung dieser Unterscheidungen durch einen standhaften Willen‘ ab. Die ‚guten praktischen Musiker, sagt Herbart treffend, die echten Kenner werden nicht

meinen, dass selbst der offenste Blick in die Seele, wie sie
es macht, gewisse Harmonieen richtig, andere unrichtig zu finden,
ihrer Ueberzeugung von dieser Richtigkeit oder Unrichtigkeit
selbst nur den geringsten Zusatz geben könne'. Ebensowenig
darf ,der Unterschied zwischen Ehre und Schande, Recht und
Unrecht, Tugend und Laster so lange zweifelhaft bleiben', bis
die Psychologie etwa ,den Ursprung der Gemüthshandlungen
nachgewiesen hätte, welche in uns vorgehen, indem wir das
Sittliche beurtheilen und beschliessen'. Was die Psychologie leistet und leisten kann, ist in beiden Fällen, bei der
Tonlehre nicht weniger wie bei der Ethik, Theorie; und selbst
diese ,bleibt demjenigen unverständlich, der nicht zuvor das kennt,
wovon sie redet', in einem Fall die ursprünglichen musikalisch-
ästhetischen, im andern die ebenso ,ursprünglichen praktischen'
Ideen, deren Giltigkeit beide, die Harmonielehre wie die Sittenlehre, voraussetzen, ohne sie beweisen zu können'. So fest
wie die Ueberzeugung des Musikers von der harmonischen
oder disharmonischen Natur gewisser Tonverhältnisse steht, als
,ein streng absolutes Wissen, fest als ein ursprünglich mannig-
faltiges Wissen; fest ohne Princip und ohne Einheit, aber
zugleich als eine Summe von Principien, die zur Vereinigung
in ein einziges Kunstwerk fähig sind' — so fest, darf man in
Herbart's Geist suppliren, muss auch die Ueberzeugung des
Ethikers von der absoluten, mannigfaltigen, principiellen Natur
seines praktischen Wissens, von der unbedingt lobens- oder
tadelnswerthen Natur gewisser Willensverhältnisse stehen.

Die ,nützliche Vergleichung' der Tonlehre mit den Grundlehren der praktischen Philosophie, von der wir Herbart sprechen
hörten, hat wie wir sehen den Zweck, dem ,Vorurtheil, welches
theoretische und praktische Philosophie in einander mengt',
ein Ende zu machen. Die fundamentale Trennung der praktischen von der theoretischen Philosophie, der Lebensnerv seines
Philosophirens, soll durch das ,Gleichniss' der ersteren, die
Tonlehre, zur Evidenz erhoben werden. Durch die empirische
Bestätigung, welche sie durch ihr Zusammentreffen mit den
Ergebnissen mathematisch-psychologischer Speculation gewissen

a priori gefundenen psychologischen Grundformeln gewährt, kommt sie der theoretischen, durch ihre von psychologischer Theorie unabhängige Giltigkeit der unmittelbaren Klarheit der praktischen Philosophie zu Hilfe. Der weitreichende Einfluss der Tonlehre auf Herbart's Philosophie bedarf keiner weitern Beweise.